In demselben Verlage ist erschienen:

Geschichte von Brasilien. Von Heinrich Handelmann, Dr. phil. und Privatdocent an der Universität Kiel. broch. Preis 4 Thlr. 15 Sgr.

Aussichten für Gebildete in Nordamerika. Von Franz Löher (Verfasser von: Geschichte und Zustände der Deutschen in Amerika). Preis 15 Sgr.

Das Privateigenthum zur See im Kriege. Von Carl Schwebemeyer. Preis 7½ Sgr.

Amerika, Europa und die politischen Gesichtspunkte der Gegenwart. Von Julius Fröbel. Preis 27½ Sgr.

Ueber

deutsche Auswanderung

mit besonderer Beziehung

auf

Lycien.

Von

Dr. Gustav Oppert.

Berlin, 1861.

Verlag von Julius Springer.

ISBN-13: 978-3-642-47253-4   e-ISBN-13: 978-3-642-47648-8
DOI: 10.1007/978-3-642-47648-8

Vorwort.

Durch einen langjährigen Aufenthalt in der größten deutschen wie continentalen Handelsstadt traten mir schon in früher Jugend die Bedeutung des Handels, der Schifffahrt wie der mit letzterer in so naher Beziehung stehenden Auswanderung lebhaft vor die Augen; während meine Studien mich vornehmlich dem Orient zuwandten. Die Beschäftigung mit den alten in Lycien vorgefundenen, noch unentzifferten Sprachdenkmälern, machte mich allmählich mit den geographischen wie historischen Verhältnissen dieser Gegend bekannt.

Da in allen antiken wie modernen Reiseberichten die Südküstenländer der kleinasiatischen Halbinsel in so übereinstimmender Weise gepriesen werden, glaubte ich den Versuch wagen zu dürfen, die Aufmerksamkeit meiner Landsleute nochmals auf jene reichgesegneten, der Bebauung entgegenharrenden, alten Culturgebiete hinzulenken, wie dies schon früher der unlängst verstorbene Ludwig Roß auf so treffliche Art gethan hat.

Ich habe mir keineswegs die vielen Bedenken verhehlt, welche gegen eine deutsche Niederlassung in Kleinasien erhoben werden können; indessen hoffe ich durch die von mir angeführten Belege den Nachweis geführt zu haben, daß eine deutsche Besiedlung von Lycien wohl nicht gänzlich zu den Unmöglichkeiten gehört.

Doch ob meine Ansicht eine richtige ist oder nicht, bleibe vorerst dahingestellt; jedenfalls werde ich meine anspruchslose Arbeit für reichlich belohnt halten, wenn auch nur eine weitere Besprechung des Gegenstandes erfolgen sollte.

Berlin, November 1860.

Der Verfasser.

Von Zeit zu Zeit wird durch die zerrütteten Zustände in der Türkei das übrige Europa aus seinem Frieden aufgeschreckt, die letzte Stunde der Pforte scheint gekommen zu sein, und gierig harren auf ihr Ende mächtige Völker, um sich in die Erbschaft zu theilen, nur der Deutsche, den eine derartige Katastrophe am Empfindlichsten berührt, wird, wie früher, den müßigen Zuschauer abgeben, wenn er sich nicht bald aus seiner unthätigen Ruhe aufrafft. Und doch stehen ihm viele Mittel zu Gebot, um thatkräftig auftreten, sein Ansehen, seine Macht sicherstellen und ausdehnen zu können. Nichts würde ihm aber hierin mehr förderlich und ersprießlich sein, als eine deutsche Niederlassung auf türkischem Gebiete, denn durch sie möchte er einen bleibenden, in der Bevölkerung beruhenden, Einfluß auf das Land gewinnen. Weite Länderstrecken in der asiatischen Türkei würden die Mühen und den Fleiß deutscher Colonisten reichlich belohnen, sie zum Wohlstande und Vermögen verhelfen, keine Gegend vereinigt indessen die Vorzüge eines fruchtbaren Bodens, wie einer günstigen Lage in dem Grade in sich, als Lycien, und so mag denn der Versuch auf die Bebauung dieses alten Culturlandes aufmerksam zu machen, nicht überflüssig sein; zumal da die frühere Wanderlust der Deutschen jetzt wieder erwacht ist.

Vor allen übrigen Völkerstämmen ist dem germanischen der Trieb zum Wandern eigenthümlich, als Wandervölker traten sie zuerst in den Vordergrund der Geschichte und machten schon früh das hochmüthige Rom für seine Existenz erzittern, das dann später dem unaufhörlichen, heftigen Andrange dieser Barbaren erliegen sollte. Die großartige Völkerwanderung, welche der alten römischen Herrschaft ein seit langer Zeit geahntes Ende bereitete, unterwirft die gebildete aber entnervte und abgelebte Welt den rohen, kräftigen, bildungsfähigen Germanen und ruft jene Staatenbildungen hervor, die im Ganzen und Großen noch heut zu Tage bestehen.

Mit dem Erlangen fester Wohnsitze verschwindet zwar allmählich bei den Völkern die Lust, sich noch ferner einem umherschweifenden, ruhelosen Leben hinzugeben, die Annehmlichkeiten, die ein sicherer Besitz hervorruft, werden gewürdigt, und nur noch jugendlich stürmische Naturen durchstreifen unter der Führung älterer Häuptlinge die Welt, an dem kriegerischen Treiben auch ferner Gefallen findend. Wenngleich hiermit jene merkwürdigen und erschütternden Völkerzüge ihr Ende gefunden haben, den einzelnen Individuen bleibt jener Hang zum Reisen noch eigenthümlich, und trotz dem Hinschwinden von über einem Jahrtausend, ist er noch heute vorhanden. In dem wandernden Handwerksburschen, in dem ferne Erdtheile besuchenden Kaufmannssohne, in dem fahrenden Schüler, zeigt sich am Deutlichsten jene Eigenthümlichkeit des germanischen Wesens ausgeprägt. Doch diese kehren nach vollbrachter Wanderzeit in das Vaterland zurück und gründen sich, durch den Aufenthalt in der Fremde gereift, einen eignen Heerd, denn nur im Hinblick und in der Hoffnung auf eine spätere Rückkunft unternimmt die Mehrzahl ihre Pilgerfahrt. Aber nicht die Wanderungen dieser jugendlichen Theile der Bevölkerung fesseln jetzt die Aufmerksamkeit des Deutschen und versetzen ihn in Trauer; mit Wehmuth dagegen muß jeder Vaterlandsfreund die Massen seiner Landsleute scheiden sehen, die eingebildete oder wirklich vorhandene sociale wie politische Mängel der Heimath entfremden und zum Aufgeben derselben veranlassen, der sie dann auf immer, und häufig mit Unmuth den Rücken wenden, um in fernen Ländern ein Glück zu finden, das ihnen zu Hause nicht vergönnt war.

Wer jetzt oder noch mehr in früheren Jahren unsere Hansestädte Bremen und Hamburg im Sommer besuchte, wurde oft schmerzlich berührt von den vielen traurigblickenden, ärmlichgekleideten, fremdaussehenden Gruppen, die schüchtern und verwundert dem lärmenden Treiben auf den Straßen zuschauten. Obgleich noch immer in ihrem Vaterlande verweilend, fühlten sie sich doch schon vollkommen der Heimath entrissen, wenn auch dieselbe Sprache an ihre Ohren schlug, sie klang den größtentheils aus südlicheren Gegenden herziehenden Auswanderern wie eine gänzlich unverständliche Mundart, und hier empfand man doch noch Theilnahme für sie, die unglücklichen Landsleuten immer gezollt wird; wie anders mußte sich dagegen ihr Schicksal gestalten, wenn sie das entfernte, jenseits des Oceans gelegene Land erreicht hatten, wo sie schutzlos den schändlichsten Uebervortheilungen preisgegeben waren. Alle jene Vereine zum Schutz der deutschen Auswanderer traten nämlich erst dann in's Leben, als die Bedrückungen den höchst möglichen Grad erreicht hatten. Vor allen gingen Bremen und Hamburg hier mit dem rühmlichsten Beispiele voran, und verminderten durch ihre menschenfreundlichen wie praktischen Auswanderungsgesetze die Anzahl der unglücklichen

Opfer,[1]) welche ihren Weg über Havre, Antwerpen oder indirect über Liver-
pool[2]) nahmen.

Der gewaltige Zug der deutschen Auswanderung datirt erst aus dem
dritten Decennium unseres Jahrhunderts, obschon auch früher einzelne Individuen von Deutschland aus ihr Heil in Amerika und anderwärts gesucht
hatten, in Massen waren sie bisher noch nicht fortgezogen. Während der
napoleonischen Herrschaft war selbstverständlich die Auswanderung unbedeutend,
mit dem Eintritt des Friedens nahm sie indessen einen riesigen Aufschwung,
der theils durch schlechte Erndten, Handelskrisen, theils aber durch traurige
politische Verhältnisse verursacht wurde. Während alle übrigen Völker Europa's
die Entdeckungen neuer, bisher gänzlich unbekannter Erdtheile nicht hatten vor-
übergehen lassen, ohne sich große Ländermassen dieser für herrenlos angesehenen Gebiete anzueignen, waren die Deutschen leer ausgegangen, nur einmal und vorübergehend hatten sie ein Land in Amerika[3]) in Besitz. Alle
späteren Versuche Colonien zu gründen, wie die des großen Kurfürsten, der
Oesterreicher[4]) scheiterten, vornehmlich, weil alle irgend wie zur Bebauung geeigneten Gebiete von anderen Völkern vorweg genommen waren, theils auch
wegen der Kostspieligkeit, der unpraktischen Leitung der Unternehmungen, des
Mangels einer genügenden Kriegsflotte; denn zur Zeit der Entdeckung Amerika's
war die Macht der einst so berühmten Hansa bereits im Sinken begriffen.
Gerade aber, weil den deutschen Einwanderern der Vortheil abging, nach
Ländern ziehen zu können, welche von ihren Landsleuten bewohnt, durch Bande
der Familie, wie des Staates an ihre Heimath geknüpft waren, mußte sich
auch ihr Schicksal ganz anders, viel unselbstständiger gestalten, als das der
übrigen Europäer. Diese siedelten sich in Gebieten an, wo ihre Angehörigen

---

1) 1846 gingen 40 %, 1847 38,8 %, 1848 45,9 %, 1849 40,4 %, 1850 45 %,
1851 49,8 %, 1852 55,3 %, 1853 58 %, 1854 51,7 %, 1855 58 %, 1856 61,7 %,
1857 68 %, 1858 75,3 % der deutschen Auswanderer über deutsche Häfen. S. Jahr-
buch der Volkswirthschaft und Statistik von Otto Hübner, VI. Jahrgang, 1. Hälfte,
p. 206.

2) Die preußische Regierung erließ daher 1852 ein Verbot gegen die Errichtung
von Agenturen in Preußen zur Beförderung von Auswanderern über England.

3) Die Familie Welser in Augsburg erhielt Venezuela von Carl V. und besaß
es 26 Jahre, von 1528—1554.

4) 1721 wurde in Ostende eine Compagnie gegründet, welche einen unmittelbaren
Verkehr mit Ostindien anknüpfen sollte, aber schon 1731 wegen des Widerstandes von
Seiten Englands und Hollands aufgelöst wurde.

die Obermacht hatten, oder nahmen die Gegenden, wo dies noch nicht der Fall war, für ihr specielles Vaterland in Besitz, und wenn auch zuweilen das Mutterland gar zu streng und unmütterlich verfuhr, ihnen ihre Frei= heiten sehr beschnitt, so verloren sie doch nicht wie die Deutschen die Nationalität noch außer der Freiheit.

Seit dem nordamerikanischen Unabhängigkeitskriege haben sich indessen die Beziehungen der Colonieen zu den Mutterländern bedeutend verändert, England hat zum größten Theile seine Besitzungen in Amerika verloren, Spanien und Portugal die ihrigen ganz und gar.

Weil das Streben einer jeden aufblühenden, ihrer Kraft mehr und mehr sich bewußt werdenden Ansiedlung auf die gänzliche Unabhängigkeit von der Oberleitung der Mutterstaaten gerichtet ist und gerichtet sein muß — gleich wie das herangewachsene Kind, als Jüngling, die einst so nützliche und heilsame Bevormundung der Eltern abwirft, nicht weil sie überhaupt schädlich, sondern weil sie jetzt nicht mehr angebracht ist, haben sich Einige zu dem kühnen Schluß erhoben, daß überhaupt das Anlegen von Pflanzorten ein nutzloses und undankbares Unternehmen sei, wobei das Mutterland sich nur Mühen und Plackereien unterziehe, einen wirklichen Vortheil nicht er= lange. Bei diesen Erörterungen wurde dann vor Allen der Abfall Nord= Amerika's von England als warnendes Beispiel aufgeführt, und haben patriotisch gesinnt sein wollende Deutsche nicht verfehlt, als ein besonderes, nicht genug zu schätzendes günstiges Geschick den Mangel jeglicher Colonieen zu preisen, weil Deutschland allein an jenen unersprießlichen Gründungen sich nicht betheiligt, seine Kraft hierbei nicht zersplittert habe, darum auch nicht durch irgend welche politische Umwälzungen in den transatlantischen Ländern empfindlich berührt worden sei.

Einzig und allein durch die Anlage von Pflanzorten gewinnt indessen ein Land eine Bedeutung auf der See, durch diese erwirbt es sich Abnehmer für seine Producte und erhält feste Ankerplätze für Kauffahrer und Kriegsschiffe.[1]

---

1) Die erstaunenswerthe Machtentwicklung Athen's entsprang aus der durch zahl= reiche und blühende Colonieen begründeten Seemacht (über die Anzahl der atheniensischen Niederlassungen vergleiche u. a. Herodot 1, 142; Thuc. 1, 2; Strabo X. Cap. 1. §. 8. p. 685 und XIV. Cap. 1. §. 3 ff. p. 938; Vell. Paterc. 1. 4); während Sparta wegen der verhältnißmäßig geringen Ausdehnung seiner Ansiedlungen (vergl. Herodot 4, 150 ff. 8, 48; Strabo VI. Cap. 3. §. 2. p. 426; XVII. Cap. 3. §. 21. p. 1194) niemals einen bleibenden Einfluß auf dem Meere ausüben konnte.

Alle angesehenen, das Meer beherrschenden Völker sind auch erst dann zu einer hervorragenden, handelspolitischen Stellung gelangt, als sie sich zur Errichtung von Colonieen verstanden; denn wie der Bruder der uneigennützigste, zuverlässigste Geschäftsführer des andern überhaupt und zumal in entlegenen Gegenden ist, so fördern sich Stammsgenossen gegenseitig am Eifrigsten. Je nach der Gründungsart und Verwaltungsweise der Ansiedlungen, schwankt natürlich ihre Bedeutung wie der dem Mutterlande erwachsende Nutzen, aber einigen Vortheil gewähren sie immer, wenn auch nicht gerade der erwartete sich einstellt. Kriegerische, in ihrer Heimath noch nicht zu einer bestimmten staatlichen Ordnung gelangte Völker, wie die Dänen im Mittelalter, mögen Länder erobern und colonisiren; gewöhnlich indessen deutet das Entsenden von Ansiedlern auf einen vorgeschrittenen Entwicklungszustand des Mutterlandes, auf Uebervölkerung oder sonstige durch höhere Bildung und Gesittung veranlaßte sociale wie politische Gebrechen. Die Geschichte der Phönizier, Athener, Hanseaten, Portugiesen, Spanier, Holländer, Engländer liefern für diese Behauptungen zahlreiche Belege. An England ist es namentlich recht ersichtlich, wie mit dem Wachsen und Gedeihen der Colonieen die Seemacht und der Handel einen ungeahnten Aufschwung genommen, denn erst seit den Zeiten Elisabeth's zählt England zu den bedeutenderen seefahrenden Völkern.

Zwar könnte man vielleicht diesem Allen die Bedeutung unserer Hansestädte und die begründete Thatsache, daß trotz des Mangels einer Kriegsflotte, trotz des gänzlichen Fehlens von Colonieen die deutsche Handelsmarine[1]) zur dritten der Welt sich emporgeschwungen habe, entgegenstellen; indessen ist dieser Widerspruch nur scheinbar. Allerdings, und mit Stolz kann jeder

---

1) Nach O. Hübner zählte die deutsche Handelsflotte 1858:

Oesterreich	1800	Segelsch. m.	350000	Tonn.,	70	Dampf. m.	40000	Tonn. u.	15000	Mann.
Preußen	917	=	300000	=	26	=	7400	=	8500	=
Hamburg	469	=	185000	=	19	=	9200	=	6000	=
Bremen	268	=	170000	=	11	=	10000	=	2420	=
Lübeck	52	=	12000	=	9	=	2260	=	500	=
Hannover	827	=	100000	=	4	=	1600	=	3600	=
Mecklenburg	387	=	82000	=	9	=	1300	=	?	=
Oldenburg	253	=	59000	=	1	=	300	=	2200	=

Im Ganzen 4973 Segelsch. m. 1,258000 Tonn., 149 Dampf. m. 72000 Tonn. u. 38220 Mann,
außerdem an Küsten- und Flußschiffen:
22961 Segelschiffe mit 1,175450 Tonnen, 295 Dampfer mit 19126 Tonnen u. 62260 Mann,
wovon auf Oesterreich gingen:
8800 Segelschiffe mit 500000 Tonnen, 140 Dampfer mit 8400 Tonnen u. 28000 Mann.

Deutsche es aussprechen, hat sich die deutsche Schifffahrt in der erfreulichsten Weise gehoben, und vornehmlich haben die beiden Hanseftädte Hamburg und Bremen ohne irgend einen Rückhalt und Schutz von ihrem Gesammtvater= lande zu erhalten, aus eigner Bürgerkraft ihr Möglichstes dazu beigetragen; nichtsdeftoweniger aber muß hervorgehoben werden, daß mit der steigenden Anzahl der Auswanderer, die, wenngleich keine staatlichen, so doch immerhin Niederlassungen gründeten, dieser Aufschwung der Rhederei eingetreten.[1])

Die englischen Kauffahrer betrugen am 31. December 1857 37,088 Schiffe mit 5,531887 Tonnengehalt und 287,353 Mannschaft, auf das Vereinigte Königreich kamen 26,219 Schiffe mit 4,491377 Tonnengehalt, auf die Canalflotte kamen 878 Schiffe mit 67,363 Tonnengehalt, auf die Colonien kamen 9,991 Schiffe mit 937,147 Tonnengehalt; zum Seeverkehr wurden hiervon verwendet 18,429 Segelschiffe mit 3,830119 Tonnen und 151,434 Mann, ferner 899 Dampffchiffe mit 381,363 Tonnen und 24,953 Mann, also 19,328 Schiffe mit 4,211482 Tonnen und 176,387 Mann Besatzung.

Die Rhederei der Vereinigten Staaten von Nord=Amerika wurde angegeben 1791 auf 502,141 Tonnengehalt, 1822 auf 1,325692, 1842 auf 2,092390, 1847 auf 2,839045, 1852 auf 4,138439, 1855 auf 5,212000, 1858 auf 5,849808 (nach andern am 1. Juli 1858 auf 5,049808).

Unter französischer Flagge fuhren 1855 14,248 Segler mit 872,156 Tonnen und 225 Dampfer mit 44,493 Tonnen, 1857 waren auf dem atlantischen Ocean 11,090 franz. Segelschiffe und 182 Dampfer, auf dem Mittelmeere 3,810 franz. Segelschiffe und 148 Dampfer, zusammen 14,900 Segelschiffe und 330 Dampfer.

Rußland besaß am 1. Januar 1859 1,416 Schiffe mit 172,605 Tonnen und 10 — 11000 Matrosen. Siehe Kolb, „Handbuch der vergleichenden Statistik," Seite 36, 85, 116 2c.

Wenn auch diese Angaben nicht genau sein mögen, namentlich nach verschiedenen Grundsätzen die Zählung der Schiffe, nach besonderen Maßen die Bestimmung der Trag= fähigkeit der Fahrzeuge unternommen worden, so ist doch im Allgemeinen das Verhält= niß der einzelnen Staaten zu einander ersichtlich und besitzt die deutsche Rhederei hiernach unstreitig einen ansehnlicheren Tonnengehalt, als z. B. die französische und russische.

1) Die Hamburger Rhederei betrug:

1838,	163	Seeschiffe	zu	19,499	Commerzlaft,	à 4000 Pfd.	
1841,	204	=	=	25,123	=		
1846,	228	=	=	29,273	=	expedirt wurden 4,857	Auswanderer.
1847,	249	=	=	33,304	=	= = 7,628	=
1848,	257	=	=	35,845	=	= = 6,585	=
1849,	286	=	=	41,027	=	= = 5,620	=
1850,	326	=	=	47,505	=	= = 7,430	=
1851,	351	=	=	51,950	=	= = 12,279	=
1852,	369	=	=	56,442	=	= = 28,707	=
1853,	408	=	=	63,097,5	=	= = 29,480	=
1854,	456	=	=	79,953,5	=	= = 50,819	=
1855,	448	=	=	79,831,5	=	= = 18,652	=

Ueberdies besitzen die rührigen Hanseaten in fernen Erdtheilen eine Art von Colonieen, die zwar ohne politischen Einfluß, merkantilisch von der höchsten Bedeutung ist, denn gleich jenen alten Phöniziern haben sie an allen irgend wie dem Verkehr zugänglichen Orten Handelscomptoirs und Consulate errichtet, welche ihre Interessen stets zu fördern suchen.

Zwar ist Deutschland vermöge seiner Lage mehr zum Durchgangsort als zum Stapelplatz der Waaren geeignet,[1]) nichtsdestoweniger ist der Antheil, welchen die deutsche Rhederei an dem überseeischen Verkehr nimmt, wahrhaft erstaunenswerth. Die Ein= und Ausfuhr der freien Stadt Hamburg übertrifft bedeutend diejenige des Kaiserreichs Oesterreich und Rußland, ist dem

---

1856, 468 Seeschiffe zu 86,458 Cmlst., expedirt wurden 26,203 Auswanderer.
1857, 491 = = 95,571 = = = 31,566 =
1858, 488 = = 93,666 = = = 19,799 =
1859, 483 = = 93,430,5 = = = 13,242 =

Die Bremer Rhederei betrug:
1841, 210 Seeschiffe zu 29,860 Last, à 4000 Pfund.
1846, 225 = = 38,710 = expedirt wurden 32,372 Auswanderer.
1847, 246 = = 45,735 = = = 33,682 =
1848, 237 = = 45,490 = = = 29,947 =
1849, 186 = = 36,225 = = = 28,629 =
1850, 219 = = 44,893 = = = 25,838 =
1851, 237 = = 50,233 = = = 37,493 =
1852, 239 = = 52,048 = = = 58,551 =
1853, 241 = = 58,451 = = = 58,511 =
1854, 251 = = 63,682 = = = 76,875 =
1855, 261 = = 70,209 = = = 31,550 =
1856, 269 = = 76,178 = = = 36,517 =
1857, 279 = = 83,083 = = = 49,448 =
1858, 279 = = 90,602 = = = 23,177 =
1859, 262 = = 82,446 = = = 22,011 =

1) Der Verkehr des deutschen Zollvereins wurde angegeben:

	Einfuhr.	Ausfuhr.	Durchfuhr.	Total.
1856	350,105378 Rthlr.	318,807951 Rthlr.	146,928006 Rthlr.	815,841335 Rthlr.
1857	354,306381 =	353,095127 =	144,048942 =	851,450450 =

(Siehe O. Hübner, Handbuch der Volkswirthschaft ꝛc. VI. Jahrg., 1. Hälfte, p. 51 u. 59.

Die officielle zur Vertheilung gestellte Brutto=Zolleinnahme des Zollvereins betrug:

	Einfuhr.	Ausfuhr.	Durchfuhr.	Total.
1856	25,549599 Rthlr.	226866 Rthlr.	379985 Rthlr.	26,156450 Rthlr.
1857	26,014819 =	198013 =	382956 =	26,595788 =

Werthe nach der nordamerikanischen gleich, und beträgt zusammengenommen eben so viel wie die Einfuhr oder Ausfuhr des gesammten Frankreich.[1]) Um den fremden Nationen die Bedeutung der deutschen Handelsmarine zu veranschaulichen, ihr Achtung zu verschaffen, wäre eine gemeinsame Flagge höchst wünschenswerth. Von der Stellung Deutschlands haben die wenigsten

1) Die Einfuhr Hamburgs betrug:

1848,	245,141950 Mk. Bco.	ober an Gewicht	20,097939	Centner netto, à 100 Pfund.	
1854,	530,668030	= = = =	29,854015	=	=
1855,	528,558190	= = = =	31,767006	=	=
1856,	654,872080	= = = =	36,817012	=	=
1857,	688,849300	= = = =	36,803571	=	=
1858,	502,206800	= = = =	32,200550	=	=
1859,	571,180850	= = = =	33,652039	=	=

Die Ausfuhr Hamburgs betrug:

1848,	215,579970 Mk. Bco.	ober an Gewicht	13,109506	Centner netto, à 100 Pfund.	
1854,	493,029840	= = = =	19,756407	=	=
1855,	507,221600	= = = =	20,266583	=	=
1856,	613,433730	= = = =	23,810204	=	=

Seit 1856 werden keine Angaben über die Ausfuhr mehr veröffentlicht.

Bremens Einfuhr.			Bremens Ausfuhr.		
1848,	27,175840 ℳ.Lb'r.,	5,749662 Ctr. brutto;	22,340088 ℳ.Lb'r.,	2,711213 Ctr. brutto.	
1854,	53,686612 =	9,914488 à 100 Pfb.	44,762494 =	15,247316 à 100 Pfb.	
1855,	53,254978 =	9,521996 =	47,835449 =	14,547563 =	
1856,	66,091522 =	10,947267 =	48,924319 =	17,605887 =	
1857,	74,004780 =	11,290676 =	61,475297 =	17,141513 =	
1858,	56,454749 =	11,106153 =	55,349792 =	17,185006 =	
1859,	68,865259 =	11,783651 =	64,311845 =	18,491593 =	

Die Einfuhr fremder und die Ausfuhr inländischer Erzeugnisse (ungerechnet die Wiederausfuhr fremder und Colonialerzeugnisse) betrug in England:

	Einfuhr.		Ausfuhr.	
	officieller Werth.	wirklicher Werth.	officieller Werth.	wirklicher Werth.
1854	124,338478 £ St.,	152,591513 £ St.;	97,184726 £ St.,	214,071848 £ St.
1855	117,402366 =	143,660335 =	95,688085 =	226,920262 =
1856	131,937763 =	172,544154 =	115,826948 =	258,505653 =
1857	136,215849 =	187,844441 =	122,066107 =	255,396713 =
1858	138,159144 =	164,583832 =	116,608911 =	271,654822 =

Der officielle Werth wird nach einem Tarife aus dem Jahre 1694 bestimmt.

Die Ein- und Ausfuhr Frankreichs belief sich:

	Einfuhr.		Ausfuhr.	
	officieller Werth.	wirkl. Werth.	officieller Werth.	wirkl. Werth.
1857	2,236 Mill. Frcs.,	2,689 Mill. Frcs.	2,357 Mill. Frcs.,	2,639 Mill. Frcs.
1858	2,035 =	2,164 =	2,442 =	2,561 =

Der officielle Werth wird nach einer Scala von 1827 geschätzt.

Bewohner fremder Erdtheile eine Vorstellung, sie kennen und achten wohl die hamburger und bremer Flagge, die auf allen Meeren stolz neben der anderer seefahrenden Nationen weht, aber von Deutschland wissen sie nichts, und wenn sie etwa erfahren haben sollten, daß ein Deutschland, ein Preußen, ein Oesterreich in der Welt vorhanden sei, so halten sie diese nur für kleine Ortschaften in dem Gebiete Hamburg's und Bremen's gelegen; so konnte denn auch der Kaiser von China neben England, Frankreich und Rußland, Hamburg und Bremen zum Schutz gegen seine aufständischen Unterthanen anrufen.

Vor vielen Völkern besitzt Deutschland eine ausgezeichnet seetüchtige Bevölkerung an der ganzen nördlichen Küste; wie bejammernswerth dagegen ist seine Ohnmacht zur See, denn bei einem etwa ausbrechenden Kriege würde die deutsche Handelsflotte schutzlos den Gewaltmaßregeln fremder Na= tionen preisgegeben sein.

An Geldmitteln zur Herstellung und Unterhaltung von Kriegsschiffen, an seetüchtiger Mannschaft ist kein Mangel, doch der Wille, die Thatkraft fehlen. Im Binnenlande verkennt man meistens die Bedeutung und Wichtig= keit unserer Marine, den Geldeswerth, der in ihrem Holze, ihren Segeln sich birgt, die Dienste, welche sie dem Hinterlande leisten. Oesterreich baut sich allerdings am Mittelmeer eine Flotte, aber an Macht steht sie der sar= dinischen nach; sie ist auch noch nie zum Schutz deutscher Schifffahrt ver= wandt worden.

Der gesammte Handelsverkehr Rußlands stieg auf:

	Einfuhr.	Ausfuhr.
1856	122,562442 Silber=Rubel;	160,249872 Silber=Rubel
1857	151,686799 = =	169,688134 = =

Die Ein= und Ausfuhr Oesterreichs betrug:

	Einfuhr.	Ausfuhr.
1856	289,431302 Gulden;	251,435600 Gulden
1857	288,266142 =	241,870310 =
1858	318,986987 =	293,336445 =

Die Ein= und Ausfuhr der Vereinigten Staaten Nord=Amerika's wurde angegeben:

	Einfuhr.	Ausfuhr.
1854/55 (vom 1. Juli ab) auf	275,156846 Doll.;	261,468520 Doll.
1855/56 =	= 326,964908 =	314,639942 =
1856/57 =	= 362,949144 =	360,890141 =
1857/58 =	=. 324,644421 =	242,613150 =

Vergl. außer den handelsstatistischen Angaben der Hansestädte auch Kolb, Seite 32, 80, 115 2c.

Preußen arbeitet eifrig an einer Kriegsmarine, möge der Himmel geben, daß sie recht bald den Dänen, den Schweden zur See gewachsen sei, bis jetzt reicht sie nicht einmal zur Küstenvertheidigung, geschweige zum Schutz der deutschen Handelsflotte hin. Um dieses zu erreichen, müßte ganz Deutschland beisteuern, denn die Mittel, über welche Preußen verfügt, sind außerdem schon zu sehr in Anspruch genommen. Zwar sind die Zeiten der Hansamacht dahin. Engländer, Holländer zittern nicht mehr vor den kühnen Seefahrern und räumen ihnen im eignen Lande Stapelplätze ein; den Dänen und Schweden geben die Hanseaten nicht mehr wie früher Gesetze und Könige, aber das zu einer Kriegsflotte erforderliche Material ist geblieben. Allerdings lassen sich nicht Kriegsschiffe aus dem Nichts hervorrufen, verhältnißmäßig rasch aber kann eine Seemacht geschaffen werden. Vor 200 Jahren durch= furchte noch kein russisches Kriegsschiff die Ostsee oder das schwarze Meer, und jetzt beherrscht Rußland beide Gewässer; dominiren nicht die Vereinigten Staaten auch auf dem Meere, und wie lange haben sie sich erst ihre Freiheit erkämpft? Wie häufig und wiederholt sind die französischen Flotten durch die Engländer vernichtet worden, und jetzt ist die Kriegsmarine Frankreich's die zweite der Welt. Eine tüchtige Handelsflotte, wie sie Deutschland besitzt, eine ihr entsprechende Kriegsmarine, die freilich wünschenswerth erst im Ent= stehen ist, werden dem deutschen Namen Ansehn verleihen, die Consuln und Abgesandten der Deutschen in transatlantischen und asiatischen Staaten aus ihrer untergeordneten, unterwürfigen Stellung befreien, etwaigen deutschen Niederlassungen Fortkommen und Selbstständigkeit gewähren wie verbürgen.

Noch alljährlich verlassen Tausende von Deutschen ihre Heimath, wen= den ihre Kräfte anderen Gegenden zu und schauen bald im Verein mit ihren jetzigen Nachbaren auf die ehemaligen Landsleute mit Hochmuth herab; denn es ist leider ein anerkannter, nicht zu läugnender Fehler des Deutschen, daß er gar leicht in stärkere, zähere Nationalitäten aufgeht und diese durch seinen Hinzutritt fördert und vermehrt, vornehmlich übt jedoch hierin die angelsächsisch=amerikanische Bevölkerung einen verderblichen, auf= lösenden Einfluß aus. Zwar erwirbt der Auswanderer in den Vereinigten Staaten Nordamerika's das volle Bürgerrecht, welches ihm im Auslande Schutz und Hülfe verleiht, er kann bei einiger Ausdauer und Energie in kürzerer Zeit seine Mühen belohnt sehen, als in Europa, denn das Land ist billig, und die Arbeit theuer, auch wird keine redliche Beschäftigung für verächt= lich gehalten; allzusehr verdenken darf man es ihm also nicht, wenn er in übergroßer Dankbarkeit sich dem neuen Vaterlande hingibt, das alles zum Lebensunterhalt Nothwendige darreicht, und aufhört, an seiner Heimath, die gar oft die allertraurigsten Erinnerungen in ihm wachruft, Antheil zu nehmen; bedauern kann dagegen der Deutsche, daß auf diese Weise Geld wie Menschen dem Gesammtvaterlande unwiederbringlich verloren gehen.

Diese Betrachtungen und Erwägungen sind schon häufig erörtert wie besprochen und die verschiedenartigsten Versuche angestellt worden, um jene betrübenden Verhältnisse abzuändern. Wiederholt haben sich Colonialgesell= schaften gebildet, um in fernen Gegenden den Deutschen eignes Gebiet zu erkaufen, das sie, politisch selbstständig, nach und nach zu einem Staate ge= stalten sollten; aber alle jene Unternehmungen blieben nur verunglückte Expe= rimente, die, der großen Mehrzahl nach, in von der See entlegnen Binnen= städten geleitet, durch Unkenntniß der Zustände transatlantischer Länder, durch Uebereilung und Ueberstürzung beim Erwerbe der Territorien, durch meisten= theils mangelhafte, zuweilen auch durch böswillige Leitung und Ausführung bedeutende Opfer an Geld und, was noch weit bejammernswerther ist, an Menschen verursachten. Wem werden nicht alle jene mißglückten Nieder= lassungen, die mit vielem Wortgepränge, Geldmitteln und Menschenanzahl in Texas, an der Mosquitoküfte, in Süd=Amerika, Australien begonnen und ein schmähliches Ende genommen, in das Gedächtniß wiederkehren? [1] Jedoch einen Vortheil haben auch jene gescheiterten Versuche mit sich gebracht; miß= trauischer nimmt man jetzt alle lockenden Verheißungen auf, und mit größerer Vorsicht werden derartige bindende Verpflichtungen eingegangen. Weil aber alle bisherigen Unternehmungen gescheitert sind, braucht nicht auch allen spä= teren ein ähnlicher Ausgang bevorzustehen; dann hätte Peter der Große jeden Widerstand gegen seinen kühnen Feind, die Deutschen jeden gegen Napoleon aufgeben und sich gefaßt in die Knechtschaft fügen müssen.

---

1) Die vom Fürsten v. Solms nach Texas, vor dessen Aufnahme unter die Ver= einigten Staaten, geleitete Colonisation war gänzlich verfehlt. Die Unternehmer waren so unbedacht gewesen, statt mit dem Staate selbst in Verbindung zu treten, von einem Privatmann auf Treu und Glauben ein Gebiet zu erwerben, das zudem ein Grant war, dessen Besitz an Verpflichtungen sich knüpfte, von denen die Ankäufer nichts wußten, und welche, wenn sie nicht erfüllt wurden, die Ansiedler in's Unglück stürzen mußten. Siehe Augsburger Allgemeine Zeitung 1845 Nr. 22, 1846 Nr. 2, 189, Nr. 226. — Ueber das von Herrn v. Bülon bei Angostura für die Berliner Colonisations=Gesell= schaft erworbene Land siehe A. A. Z. 1854 Nr. 233.

Das bedeutendste Hinderniß, das in Deutschland allen gemeinsamen Unternehmungen sich entgegenstellt, vorzugsweise eine vereinzelte Individuen=auswanderung begünstigt, besteht in seiner Discentralisation, seinem Mangel an politischer wie socialer Einheit. Der Particularismus, welcher bei uns zur höchsten Ausbildung gelangt ist, erschwert jegliches gemeinschaftliche Handeln; ja leider werden häufig diese Gefühle kleinlicher Erbitterung mit in jene fremden Erdtheile genommen, wo Einigkeit allein gegen alle Ränke und Bedrückungen der Fremden schützen kann.

Eine einheitlich geleitete Colonisation erfordert außer einer hervorragen=den Centralgewalt auch ein größtmögliches Einheitsgefühl, so lange dieses nicht besteht, werden kleinstaatliche und andere Eifersüchteleien jegliche derar=tige Unternehmung zum Scheitern bringen. Die Fortschritte indessen, welche Deutschland unverkennbar seit dem Jahre 1848 in socialer wie politischer Beziehung gemacht, der immer lauter werdende Drang nach allgemein gülti=gen Bestimmungen, das mehr und mehr ins Bewußtsein tretende Gefühl der Zusammengehörigkeit, das wiederholte Verlangen nach einer, die verein=zelten, getrennten Corporationen und Staaten verbindenden Centralmacht; können und werden hoffentlich in den deutschen Colonialverhältnissen eine heilsame Veränderung hervorbringen. Das Wenige, was bisher die deut=schen Regierungen für ihre auswandernden Staatsangehörigen gethan, be=schränkte sich darauf, sie so rasch als möglich aus ihrer Heimath zu entfernen und dann schutzlos sich selbst zu überlassen, Gesetze wurden gegeben, um die Auswanderung zu erschweren, nicht aber um den das Fortziehen veranlassen=den Zuständen abzuhelfen, oder das traurige Loos der Ausgewanderten zu erleichtern. ¹) Während die Angehörigen anderer Staaten die Pflichten und

---

1) Am 21. Februar 1856 beantragte der bairische Gesandte am Bundestag eine ge=meinsame Organisation der deutschen Auswanderung, um die deutsche Auswanderung nach Gegenden zu lenken, wo die Auswanderer nicht der Speculation oder dem bloßen Zufall preisgegeben würden, sondern Aussicht auf eine sichere Existenz gewännen, wo sie ferner ihre Nationalität bewahren und mit dem Vaterlande in Beziehungen bleiben könnten." Ungarn und die Donaulande sollten vorzüglich berücksichtigt werden.

Die Zweckmäßigkeit und Ausführbarkeit des Antrags erkannte der Ausschuß schon am 28. Februar 1856 an, betrachtete aber als Mittel „die von den Regierungen auf=zustellenden Vorbedingungen zur Erlaubniß der Auswanderung, Vorkehrungen gegen heim=liche Auswanderung (genügende Legitimationen), Maßregeln zur Fürsorge an den Ein=schiffungsorten, Hinleitung der Auswanderung nach den geeigneten Ländern, Aufstellung einer geeigneten, diplomatischen und consularischen Vertretung in diesen Ländern" und

Rechte, welche sie an ihr Vaterland fesseln und knüpfen, in der Fremde in gesteigertem Maaße ausüben wie genießen, quält man die armen Deutschen nutzlos in der Heimath und treibt sie vogelfrei in die Fremde. Der Franzose, Engländer, Amerikaner, ja jeder Unterthan einer Macht zweiten oder dritten Ranges fühlt sich im Auslande als solcher, und wird jede Beeinträchtigung seiner Rechte zu ahnden wissen, denn hinter ihm steht ein ganzes Volk, ein nicht zu verachtender Freund zum Schutz, zur Vertheidigung bereit. Ja auch bei den Deutschen ist das Stammsgefühl scharf ausgeprägt, leider aber in einer traurigen Gestalt, im gegenseitigen Neide, in niederer Verkleinerungs= sucht, der Baier, der Sachse will nichts wissen vom Preußen, der Braun= schweiger, der Hanseat nichts vom Hannoveraner. Hoffentlich wird allmählich auch dieses, gar häufig von den Regierungen selbst genährte und gehegte Miß= trauen schwinden, und alle widerstrebenden Elemente in dem einen Gefühle der nationalen Zugehörigkeit sich zusammenfinden.

Doch ehe auf die Art und Weise einer etwa zu gründenden Colonie näher eingegangen werden kann, muß zuförderst festgestellt werden, ob das Bedürfniß zum Auswandern überhaupt noch in Deutschland vorhanden ist oder nicht, denn wenn dieses in gegründete Abrede gestellt werden könnte, würde selbstverständlich die ganze Erörterung unnöthig sein. Die Beant= wortung der Frage indessen fällt nicht schwer, da sie durch thatsächliche Be= lege zu erledigen ist, wenngleich nicht wie vormals die Zahl der Deutschland Verlassenden hunderttausende erreicht, so erscheint sie doch noch ziemlich be= trächtlich, auch ist ein baldiges Aufhören der Auswanderung nicht zu erwar= ten, vielmehr wird durch die Erleichterung des Verkehrs, durch die immer enger sich gestaltenden Beziehungen der Ausgewanderten zu ihren daheimge= bliebenen Verwandten eine stätige Nachwanderung eintreten, ohne daß andere Verhältnisse dieselbe noch besonders zu befördern brauchen. Ganz abgesehen von den deutschen Auswanderern, welche ihren Weg über Havre oder die Niederlande nahmen, wurden von Hamburg noch 1857 31,566, 1858

---

erklärte demzufolge am 1. Juli 1858: „daß der Ausschuß zur Zeit noch nicht im Stande zu sein glaubt, irgend ein Land zu dem Zwecke in Vorschlag zu bringen, um die deutsche Auswanderung dahin zu lenken, daß ihm vielmehr vorerst hierzu noch weitere Erhebungen als unerläßlich erscheinen, und daß es demzufolge dermalen noch nicht an der Zeit ist, die Mittel näher in's Auge zu fassen, die zur Erreichung des gedachten Zweckes anzu= wenden sein dürften und hierüber bereits Vorschläge zu machen.

19,799, 1859 13,242 und von Bremen während derselben Jahre 49,448,
23,177 und 22,011 Individuen expedirt. Die bei Weitem größte Anzahl dieser Auswanderer besteht aus Acker-
bauern und Handwerkern, einer Menschenklasse, welche vornehmlich zu neuen
Anlagen von Pflanzstädten, zur Urbarmachung bisher ungebaut gewesener
Gebiete geeignet und befähigt ist.[1]) Wie nach der überwiegenden Mehrzahl der
einzelnen Berufsarten in Gesellschaften und Staaten, diese selbst sich gestalten und verändern, so muß auch nothwendigerweise bei den Gründungen von
Niederlassungen die Beschäftigung, welcher die Coloniſten vormals besonders
obgelegen, in Betracht gezogen werden, die Deutschen also Ackerbauansiedlun-
gen errichten. Da der Landmann durch stätigen, andauernden Fleiß, durch
fortwährende Benutzung seiner eignen körperlichen wie geistigen Kräfte, den
rohen Boden sich erobert und im Kampfe mit den Mächten der Natur einen
eignen Wohnsitz sich begründet, so wird sich bei ihm, der das Bewußtsein
in sich trägt, daß er sich selbst, seiner Hände Arbeit einzig Alles verdankt,
ein freies Gefühl der Selbstständigkeit, der eignen Würde, entwickeln. Sehr
aufmerksam und eifersüchtig wird er jede Maaßregel des Mutterstaates be-
obachten. Ein Land, das Ackerbaucolonieen entsendet, muß daher diese im
Anfang so viel als möglich zu schützen und schirmen suchen, auf daß die
Gründung wachse und gedeihe; sie aber politisch frei stellen, wenn die Ansiedlung auf eignen Kräften beruhen kann, und das Gefühl der Abhängigkeit
böses Blut und Erbitterung hervorruft. Gleiche Abstammung, gleiche Sprache,
gleiche Sitten und Gesetze werden inniger als alle Gewaltmaßregeln die
Colonie an das Mutterland fesseln, engherziges Benehmen, mit thörichter
Bevormundungssucht die Gemüther nur verbittern und beiden Theilen empfindlichen Schaden zufügen.[1]) So waltete bei den Griechen meistens das beste
Einvernehmen ob zwischen Mutter- und Töchterstaaten, beide erstarkten im
freundschaftlichen Verkehr zu einander, ihr Verhältniß war wirklich das der
Eltern zu den Kindern,[2]) politisch gewöhnlich selbstständig, blieben die letzteren

---

1) Siehe Roscher, Kolonien. S. 22 ff.
2) So läßt auch Thuc. 1, c. 33 die Corcyräer sagen: Eine jede Colonie ehrt die
Mutterstadt, wenn sie gut behandelt wird, wendet sich aber ab, wenn sie beschädigt wird,
denn nicht als Sclaven, sondern als den in der Heimath zurückgebliebenen Ebenbürtige
werden sie entsendet. (— πᾶσα ἀποικία εὖ μὲν πάσχουσα, τιμᾷ τὴν μητρόπολιν,
ἀδικουμένη δ' ἀλλοτριοῦται· οὐ γὰρ ἐπὶ τῷ δοῦλοι, ἀλλ' ἐπὶ τῷ ὅμοιοι τοῖς
λειπομένοις εἶναι ἐκπέμπονται.

nur in Dingen der Götterverehrung abhängig, [1]) so daß als schreckliche Ver=
letzung der Bluts= und Gastfreundschaftsbande der wiederholte Kampf Cor=
cyra's gegen Corinth die traurigste Aufregung verursachen konnte. [2])

Wie der Landmann sich mit dem Materiellsten, dem Erdboden abgibt,
diesen der Cultur zu unterwerfen, auf ihm sich bleibende Wohnsitze zu er=
richten strebt, so wird auch von allen Arten der Ansiedlungen, die der Acker=
bauer den andauernsten Einfluß auf das zu colonisirende Gebiet ausüben.
Weil bei Handelscolonieen diese Bebauung des Landes Nebensache, die Er=
weiterung des Verkehrs hingegen Hauptsache ist, der Einzelne nur des Ver=
dienstes, des möglichst raschen Erwerbs wegen sich hier aufhält und reich ge=
worden das Land wieder verläßt, so kann auch eine beständige Fortentwicklung,
eine eigentliche Vergrößerung derartiger Ansiedlungen nicht recht stattfinden,
ihr Zustand bleibt von einem gewissen Zeitpunkt ab stationär, ihre politischen
Verhältnisse werden niemals, weder nach innen noch nach außen freie Gestal=
tungen annehmen, denn schon ihre Beziehungen zu den Eingeborenen und
anderen fremden, vielleicht concurrirenden Nationen erfordern eine streng cor=
porative Geschlossenheit, die an sich den Begriff der Selbstständigkeit der
Einzelnen in gewissem Grade ausschließt; was auch die Pflanzstädte der Phö=
nizier, der Hanseaten bestätigen.

Unter den Völkern der Jetztzeit ist es nur den germanischen gelungen
blühende Pflanzorte zu gründen, weil sie allein dem mühsamen Geschäft der
Urbarmachung sich zu unterziehen, die Ausdauer besaßen. Die romanischen
Völker, denen ein günstiges Geschick die fruchtbarsten und reichsten Districte
verschwenderisch zugetheilt, haben mit ihren Ansiedlungsversuchen keinen gün=
stigen Erfolg gehabt, Süd=Amerika steht in jeder Hinsicht hinter den groß=
artig entwickelten Staaten des Nordens zurück; dieselbe Ursache, welche Europa
und namentlich das ursprünglich von der Natur weniger gesegnete, unfrucht=
barere nördliche zur Beherrscherin aller übrigen Erdtheile erhoben, hat auch

---

Dionys aus Halicarnass überliefert III, 7: daß wie die Väter von den Kin=
bern, so die Städtegründer von den Colonisten geehrt würden. (ὅσης γὰρ ἀξιοῦσι
τιμῆς τυγχάνειν οἱ πατέρες παρὰ τῶν ἐγγόνων, τοσαύτης οἱ κτίσαντες τὰς
πόλεις παρὰ τῶν ἀποίκων) und die Corinther sprechen beim Thuc. 1. Cap. 38 die
Worte: Wahrlich die übrigen Colonieen ehren uns, und gar sehr werden wir von den
Colonisten geschätzt (αἱ γοῦν ἄλλαι ἀποικίαι τιμῶσιν ἡμᾶς, καὶ μάλιστα ὑπὸ
ἀποίκων στεργόμεσθα).

1) Diodorus Siculus XII, 30; Thuc. 1, 25.
2) Herodot III, 49; Thuc. 1, 13, 24 ff.

Nord=Amerika das Uebergewicht über den Süden verliehen; hierdurch aber zeigt sich offenbar, daß weder üppige Fruchtbarkeit noch glänzender Reichthum an Metallen und Edelsteinen an sich ein Land der Cultur zugänglich machen, ihm seinen Rang unter den übrigen sichern, sondern, daß die Ansiedler ein Gebiet zu dem, was es wird, gestalten.[1])

Wenn nun Deutschland noch alljährlich in genügender Anzahl Auswanderer entsendet,[2]) diese zum größeren Theile Ackerbauer sind, so liegt die Frage

1) So leitet Thucydides 1, 2. aus der verhältnißmäßig bedeutenden Unfruchtbarkeit Attica's, die fremde erobernde Völker nicht reizte, vornehmlich seine spätere, hohe Cultivirung ab. (μάλιστα δὲ τῆς γῆς ἡ ἀρίστη ἀεὶ τὰς μεταβολὰς τῶν οἰκητόρων εἶχεν, ᾗτε νῦν Θεσσαλία καλουμένη καὶ Βοιωτία Πελοποννήσου τε τὰ πολλὰ πλὴν Ἀρκαδίας τῆς τε ἄλλης ὅσα ἦν κράτιστα διὰ γὰρ ἀρετὴν γῆς, αἵτε δυνάμεις τισὶ μείζους ἐγγιγνόμεναι στάσεις ἐνεποίουν, ἐξ ὧν ἐφθείροντο καὶ ἅμα ὑπὸ ἀλλοφύλων μᾶλλον ἐπεβουλεύοντο. τὴν γοῦν Ἀττικὴν, ἐκ τοῦ ἐπὶ πλεῖστον διὰ τὸ λεπτόγεων ἀστασίαστον οὖσαν, ἄνθρωποι ᾤκουν οἱ αὐτοὶ ἀεί.)

2) Die Anzahl sämmtlicher deutscher Auswanderer zu ermitteln, hält sehr schwer. — Nach der Augsburger Allgemeinen Zeitung von 1846 Nr. 233 verließen Deutschland:

1836 circa	29,000	Personen.
1837 =	33,000	=
1838 =	20,000	=
1839 =	28,000	=
1840 =	28,000	=
1841 =	22,000	=
1842 =	28,000	=
1843 =	23,000	=
1844 =	43,661	=
1845 =	67,209	=
1836 — 1845 =	322,000	Personen.

Nach statistischen Aufzeichnungen verließ folgende Anzahl Auswanderer die Häfen von:

	Hamburg.	Bremen.	Antwerpen.	Havre.
		(von 1832—1860³⁄₉ 755,614.)		
1846	4,857	32,372	13,178	22,381
1847	7,628	33,682	14,612	39,474
1848	6,585	29,947	11,073	25,506
1849	5,620	28,629	10,260	33,898
1850	7,430	25,838	7,016	32,687
1851	12,279	37,493	9,243	44,834
1852	28,707	58,551	14,428	24,289
1853	29,480	58,511	15,262	68,836
1854	50,819	76,875	25,843	95,984
1855	18,652	31,550	7,433	27,915
1856	26,203	36,517	10,010	22,141
1857	31,566	49,448	13,150	29,793
1858	19,799	23,177	4,080	13,335
1859	13,242	22,011	1,320	
1860³⁄₉	12,952	24,658		
	275,819	568,859	156,808	492,073

hiervon geht ungefähr der 7. Theil für Ausländer ab: 72,000

bleiben circa: 420,000

(falls eine selbstständige deutsche Niederlassung gegründet werden soll), natür=
lich am Nächsten, ob auch ein Land[1]) vorhanden sei, wo sich die Colonisten
frei, unbehelligt von andern Nationalitäten zum Heil und Segen des Gesammt=
Vaterlandes, wie zu ihrem eignen entwickeln können. Das Land muß frucht=
bar, dem Ackerbau zugänglich, von Flüssen bewässert, nahe der See gelegen
sein,[2]) um den Ansiedlern sowohl eine unabhängige Existenz in Bälde zu
verschaffen, als ihnen auch die Theilnahme am überseeischen Verkehr zu sichern.
Wenngleich durch erstaunenswerthe Entdeckungen auf dem Gebiete der Dampf=
kraft, der Electricität die örtlichen Entfernungen gegen früher mehr und mehr
abgenommen haben, so dürfen doch theils zur Vereinfachung des Verkehrs,
theils zur Verringerung der Kosten, welche auf die Ueberfahrt verwandt
werden, die etwa zu erwerbenden Ländereien nicht allzufern von Deutschland
liegen. Zur Sicherstellung der Nationalität muß ferner darauf gesehen wer=
den, daß das Gebiet wenig oder so wenig als möglich bewohnt, ins Beson=
dere nicht eingenommen sei von einem Volksstamme, der durch Zähigkeit dem
deutschen Wesen verderblich werden könne, damit dieses sich sowohl von jeder
Verschmelzung rein erhalte, als auch um so freieren Spielraum zur Ausdeh=
nung und Verbreitung erlange. Das Klima muß gesund sein, der Natur
der Europäer zusagen, keine tropische Sonnenglut darf sengen da, wo der
Deutsche das Land bebauen soll.

In fast allen Erdtheilen werden sich leicht noch Gebiete auffinden lassen,
welche unbebaut auf die Hand des Ansiedlers harren; aber weil gerade eine
nicht unbedeutende Auswahl vorhanden ist, ziemt es sich auch vorsichtig bei
der Beurtheilung vorzugehen. Selbst in unserm hochcultivirten Europa sind
noch umfangreiche Ländereien vorhanden, die bisher beinahe brach gelegen,

von 1836 - 1845	also		circa	322,000	Individuen ausgewandert.
⸗ 1846—1860	aus Hamburg	⸗		275,819	⸗	⸗
⸗ 1846—1860	⸗ Bremen	⸗		568,859	⸗	⸗
⸗ 1846—1859	⸗ Antwerpen	⸗		156,808	⸗	⸗
⸗ 1846—1858	⸗ Havre	⸗		420,000	⸗	⸗
⸗ 1846—1860	⸗ anderen Häfen	⸗		50,000	⸗	⸗
von 1836—1860	sind demnach		circa	1,800000	Individuen ausgewandert.

1) Ein Land und keine Insel, da auf einer solchen die Auswanderer feindlichen An=
fällen mehr und in empfindlicherer Weise ausgesetzt sind, auch weniger vom Mutterlande,
vorzüglich, wenn dieses keine genügende Seemacht besitzt, geschützt werden können.

2) Nach Cicero de Republica II. 4. haben die Griechen in Asien, Thracien, Italien,
das einzige Magnesia ausgenommen, nur Pflanzstädte am Wasser angelegt.

Oppert, Auswanderung. 2

für eine etwaige Ansiedlung nicht unvortheilhaft sein möchten.[1]) Ungarn, Siebenbürgen, die Donaufürstenthümer, Rußland, würden dem Ackerbauer noch viele Ausbeute gestatten, aber in allen diesen Gegenden stehen andere große Bedenken einer deutschen Anpflanzung entgegen. Nach Ungarn[2]) und Siebenbürgen[3]) sucht zwar die österreichische Regierung Deutsche in großer

1) Der König von Preußen hat seiner Zeit 93 hessischen Ackerwirthen, welche Europa verlassen wollten, in den östlichen Gebieten des preußischen Staates unter günstigen Bedingungen Land überlassen, und haben die Ansiedler im Verlaufe der Jahre in Rothfließ Musterwirthschaften in 5 Schlägen zu gründen vermocht. So wohlthätig für die Auswanderer, wie für Deutschland eine derartige Erhaltung der heimischen Kräfte ist, so kann sie doch nur in beschränktem Maße stattfinden. (S. Dieterici, über Auswanderungen und Einwanderungen. 1846. S. 18.)

2) Bis 1848 durfte eigentlich ein Deutscher, dem das Wohl seiner Landsleute wirklich am Herzen lag, die Auswanderung nach Ungarn nicht anempfehlen, wo bei einer vollständigen Gebundenheit, noch ein beinahe in Leibeigenschaft gehaltener Bauernstand anzutreffen war. (S. Wappäus, deutsche Auswanderung und Colonisation S. 39 und 40.) Zwar sind am 31. August 1848 zu Wien alle Unterthänigkeits und schutzobrigkeitlichen Verhältnisse, wie alle darauf Bezug habenden Lasten, Giebigkeiten, Abgaben und Leistungen ohne Ausnahme aufgehoben worden, doch werden die unsicheren Zustände, vorzüglich aber die gegen Akatholiken wie Katholiken durch das Concordat hervorgerufene Unduldsamkeit keine Ansiedler anlocken können. Ein Staat, der fremde Ansiedler für sich gewinnen will, muß ihnen die Vortheile mindestens gewähren, die andere Länder verheißen, da sonst für die Auswanderer kein Grund zur Einwanderung vorliegt. Die religiösen Beschränkungen äußern sich auch in einem gewissen Maße in den für Ungarn, Croatien, Slavonien, Siebenbürgen veröffentlichen Ansiedlungsgesetzen, wo es unter andern heißt: „Die Gemeinde, welche dieser oben angegebenen Begünstigungen theilhaftig werden will, soll einem Volksstamme und einem gleichen Religionsbekenntniß angehören." Ferner: „Auswärtige Ansiedler, welche sich über Vermögen, Erwerbsfähigkeit und Unbescholtenheit gehörig ausweisen, können mit der Bestätigung des Ansiedlungsvertrags, die Staatsbürgerschaft erlangen, sie und ihre im Auslande geborenen Söhne bleiben von der Militairdienstpflichtigkeit frei, insofern sie einer, der in Oesterreich anerkannten christlichen Confessionen angehören, werden sie der diesen gewährleisteten freien Religionsübung theilhaftig." (S. A. A. Z. 1858 No. 364.)

3) In Siebenbürgen herrschten bis 1848 im Ganzen ähnliche Sitten und Zustände, wie in Ungarn, mit Ausnahme des sogenannten Sachsenlandes, wo circa 1143, unter dem Könige Geysa II. Deutsche aus der Umgegend von Lüttich, Trier, Luxemburg sich ansiedelten und ihre deutsche Selbstständigkeit und Nationalität bis in die neueste Zeit, trotz häufig drohender Ereignisse bewahrt haben; in den vierziger Jahren wurde in Deutschland zur Auswanderung nach dem Sachsenlande aufgefordert, aber bald war dieses verhältnißmäßig geringe Gebiet genugsam bevölkert, so daß unter andern die siebenbürgische Hofkanzlei beunruhigt über den Andrang, sich gegen eine fernere Zulassung von Fremden ausgesprochen und den Gesandtschaften in Würtemberg aufgetragen hat, Auswanderern ihr Visum nach Siebenbürgen zu verweigern. (S. Wappäus, deutsche Auswanderung und Colonisation. S. 40 ff. A. A. Z. 1845 No. 12. 1846 No. 141, auch 1857 No. 211.)

Anzahl hinzuziehen und die Bedingungen, welche gestellt werden, sind auch im Ganzen nicht ungünstig, wie sich denn auch das Land unstreitig in den letzten Jahren durch fremde Zuzügler gehoben hat, nichts destoweniger bieten zur Zeit die socialen wie politischen Zustände so wenig Anziehendes, daß man einer Ansiedlung in jenen Gegenden widerrathen möchte, wenngleich hervorgehoben werden muß, daß einestheils die deutsche Nationalität unter dem Schutz der österreichischen Regierung nicht Gefahr laufen, anderentheils eine Besiedlung der Donaulande für Deutschland zu wesentlichem Vortheile gereichen würde. Aus ähnlichen und noch in höherem Grade gewichtigen Ursachen muß man leider zur Zeit von einer Colonisation in den türkischen Donaufürstenthümern abstehen[1]. In Rußland haben zwar schon in früheren Jahren deutsche Ansiedler ihre Wohnsitze aufgeschlagen und sind daselbst theilweise materiell gediehen, doch wenn auch dieses zugegeben und nebenbei hervorgehoben werden muß, daß durch Deutsche Rußland auf den Höhepunct seiner jetzigen, beherrschenden Stellung gelangt ist, so darf man um so mehr jede Verstärkung des slavischen Kaiserreichs durch deutsche Elemente hintertreiben, weil sie nicht für Deutschland, sondern für Rußland gegen Deutschland ausschlagen würde.[2]

Nach Amerika und vornehmlich nach den Vereinigten Staaten Nord-Amerika's hat sich die allgemeine, wie die deutsche Auswanderung gerichtet. Unter den annehmbarsten Bedingungen besorgen Hamburger und Bremer Rheder die Ueberfahrt, der neue Ankömmling trifft an Ort und Stelle eine große Menge Landesgenossen und hülfreiche Gesellschaften.[3] Das Land ist

---

1) Der verstorbene, berühmte Nationalökonom Fr. List, war besonders für die deutsche Besiedlung der Donaulande thätig und eifrig bemüht seinen Planen Gehör und Verwirklichung zu verschaffen, doch vergebens.

2) Ueberdies ist in den letzten Jahren den nach Rußland hinübergesiedelten deutschen Arbeitern ein schlimmes Loos beschieden gewesen, so daß die preußische Regierung, um weiteres Unglück zu verhüten, dagegen eingeschritten ist.

3) In New-York, Baltimore, St. Louis, New-Orleans haben sich seit längerer Zeit Gesellschaften zum Schutz und Weiterbeförderung der deutschen Einwanderer gebildet, welche einen sehr segensreichen Einfluß ausüben.

Die deutsche Einwanderung betrug:

in New-York,	New-Orleans.	N.-Y.,	N.-O.		N.-Y.,	N.-O.
1847	52,326,	17,548.	1852	118,674,	32,703.	1856	56,117,	12,360.
1848	70,735,	19,166.	1853	119,498,	35,965.	1857	86,859,	13,912.
1849	55,620,	12,707.	1854	179,648,	27,012.	1858	31,879,	6,349.
1850	45,768,	13,029.	1855	54,038,	10,752.	1859	27,858,	6,125.
1851	70,540,	25,264.						

wohlfeil und Arbeiter werden sehr gesucht und theuer bezahlt, so daß ein Jeder in wenigen Jahren bei anstrengender Arbeit sich Grundbesitz, woran Ueberfluß ist, erwerben kann,[1]) das Klima ist durchschnittlich gesund und zuträglich, der Colonist wird in einigen Jahren Bürger der Vereinigten Staaten, und dies Bürgerrecht befähigt ihn zu allen Ehrenstellen mit Ausnahme des Präsidenten und Vicepräsidenten der Union, kurz es gibt kein anderes Land, welches dem Auswanderer dringender empfohlen werden müßte, da es materiell die meisten Vortheile zu gewähren im Stande ist,[2]) wenn nicht politische Bedenken, vor allem die bevorstehende beinahe vollständige Entnationalisirung einer dahin gerichteten Auswanderung entgegenständen.[3])

---

1) Der Acre Landes kostet 1¼ Doll. = 1¾ Thlr. = 3 fl. 9 kr. Rh.

2) In dem Maße, wie die Nord-Amerikaner in früheren Jahren die Deutschen geringschätzend behandelten, wird letzteren jetzt wegen ihrer enormen Vermehrung aus politischen Gründen mit Aufmerksamkeit begegnet; so hielt der Senator Sewad vor wenigen Wochen eine Rede in St. Louis, in der folgender Passus vorkam:

„Man hat mir dort und überall wohin ich in Missouri kam, gesagt, die republikanische Partei dieses Staates bestehe namentlich aus der deutschen Bevölkerung von Missouri. Ich freue mich, daß dies so ist, denn wo immer die Deutschen hingekommen, ist es ihre Aufgabe, der Freiheit eine Gasse zu brechen. Wer das Recht gegen das Unrecht vertheidigt, ist überall an seinem Platze, wo immer er geboren sei. Laßt also getrost Missouri germanisirt werden. Es war der germanische Genius, der die Magna-Charta in England eroberte, — es war die deutsche Philosophie, die, wohin immer sie gedrungen, die Herzen aller freien Männer mit Hoffnung erfüllte, — ja es war nur der deutsche Genius, welcher überall auf dem ganzen Erdenrund zur Freiheit ermuthigt hat. Sind es darum die Deutschen, welche Missouri frei machen wollen, so laßt es immerhin die Deutschen sein."

3) Nach der „History of immigration of the United States by William J. Bromwell" betrug die Gesammt- wie deutsche Einwanderung seit dem 30. September 1819 bis zum 31. December 1855 folgende Anzahl:

	Männer.	Frauen.	Unbestimmt.	Zusammen.	Preußen.	Deutsche.
1820²⁄₉	6,447	2,680	1,184	10,311	20	948
1821	6,866	1,930	2,840	11,644	18	365
1822	5,318	1,149	2,082	8,549	9	139
1823	5,313	1,044	1,908	8,265	4	179
1824	6,253	1,561	1,813	9,627	6	224
1825	9,206	3,329	323	12,858	2	448
1826	10,218	3,633	57	13,908	16	495
1827	14,165	6,479	1,133	21,777	7	425
1828	19,446	10,677	61	30,184	45	1,806
1829	12,938	5,470	6,105	24,513	15	582

Aehnliche zwar nicht gleiche Vortheile bietet Canada, doch wird sich weder hier noch in den Vereinigten Staaten ein selbstständiges, deutsches Staatsleben gründen lassen.

	Männer.	Frauen.	Unbestimmt.	Zusammen.	Preußen.	Deutsche.
1830	7,514	3,575	13,748	24,837	4	1,972
1831	15,917	7,963	—	23,880	18	2,395
1832	35,599	18,752	—	54,351	26	10,168
— $\frac{3\ 1}{1\ 2}$	4,691	2,512	100	7,303	—	—
1833	42,548	17,377	—	59,925	165	6,823
1834	40,730	23,180	4,038	67,948	32	17,654
1835	30,752	17,791	173	48,716	66	8,245
1836	51,459	28,689	824	80,972	568	20,139
1837	53,403	28,706	2,850	84,959	704	23,036
1838	28,504	14,900	1,755	45,159	314	11,369
1839	48,200	26,454	12	74,666	1,234	19,794
1840	58,998	33,158	51	92,207	1,123	28,581
1841	53,815	33,814	176	87,805	1,564	13,727
1842	67,124	43,475	381	110,980	2,083	18,287
1843 $\frac{3\ 0}{9}$	33,172	23,354	3	56,529	3,009	11,432
1844	48,897	35,867	—	84,764	1,505	19,226
1845	69,179	49,311	1,406	119,896	1,217	33,138
1846	90,974	66,778	897	158,649	551	57,010
1847	139,167	99,325	990	239,482	837	73,444
1848	136,128	92,883	472	229,483	451	58,014
1849	179,256	119,915	512	299,683	173	60,062
1850	200,904	113,392	1,038	315,334	14	63,168
— $\frac{3\ 1}{1\ 2}$	38,282	27,107	181	65,570	745	14,969
1851	245,017	163,745	66	408,828	1,160	71,322
1852	235,731	160,174	1,438	397,343	234	143,375
1853	236,732	164,178	72	400,982	1,293	140,653
1854	284,887	175,587	—	460,474	8,955	206,054
1855	140,181	90,283	12	230,476	5,699	66,219
	2,713921	1,720205	48,701	4,482837	35,995	1,206087

Nach G. Tucker betrug die Gesammteinwanderung in den Vereinigten Staaten während der Jahre 1790—1840 überhaupt nur 1,500000; Wappäus schätzt die deutschen Zuzügler von 1790 – 1820 auf 117,000 (s. S. 62); Löher die Anzahl der Deutschen vor der Befreiung auf 700,000, 1846 auf 3,909883 (s. Geschichte und Zustände der Deutschen in Amerika, S. 355). Nach dem Census von 1850 lebten in den Vereinigten Staaten 23,191876 Menschen, wovon 5,688620 Deutsche. Diese vertheilten sich auf folgende Staaten also. Es waren in

Pennsylvanien von 2,311786, 49% oder 1,132773 Deutsche.

Ohio   = 1,980329, 47 = = 930,741 =

Missouri = 682,044, $\Big\}$ 44 = = $\Big\{$ 300,080 =

Jowa = 792,144, 84,568 =

Viel weniger noch als diese Länder eignen sich die Staaten des südlichen Amerika's zur deutschen Ansiedlung. Die mit geringen Ausnahmen überall herrschenden zerrütteten inneren Zustände, verheißen dem Auswanderer eine höchst unsichere Zukunft, geben ihn allen Beschwerden und Bedrückungen schutzlos Preis, und rauben ihm die Hoffnung sich und den Seinigen eine sichere Existenz zu gründen.[1]) Ueberdies entsendet in den meisten dem Acker=bau vielleicht zugänglichen Gebieten die Sonne eine so glühende Hitze, daß dem Europäer, zumal aber dem an ein gemäßigtes Klima gewöhnten Deut=schen, das Arbeiten auf dem Felde unmöglich gemacht wird. Und doch ist kein Theil der Erde mit mehr deutschem Blut gedüngt worden, als diese Gegenden; die verunglückten Colonisationsversuche nach der Mosquitoküste,[2])

Illinois	von	851,410,	} 42% oder {	342,468	Deutsche.
Michigan	=	397,654,		166,992	=
Indiana	=	988,416,		395,360	=
Wisconsin	=	305,391,	} 40 = = {	122,160	=
Texas	=	212,592,		84,036	=
New=York	=	3,097394,	17 = =	526,490	= 2c. 2c.

Die Angaben von 1860 bestimmen die Zahl der Deutschen bis 1850 auf 5,688620 Seelen.

Deren natürliche Zunahme zu 1½% jährlich . . . . 853,290 =

Die Zunahme durch Einwanderung . . . . 799,844 =

Deren Geburtszunahme zu 1½% . . . . 119,970 =

Den angeblichen Stand der Deutschen also auf 7,461724 Seelen, während die Gesammtbevölkerung 1860 29,395507 Seelen betrug. Alle diese letzteren An=gaben entbehren leider der gehörigen Genauigkeit, nichtsdestoweniger erhellt im Ganzen die bedeutende Anzahl der Deutschen. Bei der Aufstellung der angeführten Tabelle scheint, ganz abgesehen davon, daß die Kinder der Einwanderer sich gewöhnlich nicht mehr als Deutsche betrachten, der Fall, daß Deutsche sich mit Ausländern verheirathen, unberück=sichtigt geblieben zu sein.

1) In dem Octoberheft von 1860 (Nr. 216) der „Quarterly Review" Seite 309 heißt es:

Every change of government in these republics from Chili to Mexico, has been brought about by a fraction of the population, headed by an officer, who had bribed a mutinous, ragged, unpaid, half starved soldiery, and organised a junta paid for acting their disreputable part in the „transaction". Where wars do not at present rage, factions abound. Public credit and financial honesty can scarcely be said to exist (Chili und in gewisser Beziehung ist Peru hiervon auszunehmen) and regions that, under a good government would teem with wealth and happiness re-main for the greatest part of their extent, in a state of material as well as of moral desolation.

2) Siehe A. A. Z. 1845 No. 106. 108. 1852 No. 74. 1854 No. 233.

nach Peru,[1]) nach Brasilien[2]) sind hoffentlich noch nicht vergessen und müssen jeden einsichtigen Auswanderer abhalten, in jenen Gegenden sich niederzulassen. Zu diesen physischen und politischen Mängeln kommt noch ganz besonders die Unduldsamkeit auf dem Gebiete der Religion. Wie jene Länder meistens durch Spanier und Portugiesen in Besitz genommen, so hat sich auch mit dem Eroberer die römisch=katholische Kirche hier festgesetzt, und nirgends die Inquisition grausamer gewüthet, furchtbarere Spuren ihres Wirkens hinter= lassen, als in diesen Regionen.[3]) Im Verlauf der Jahre ist allerdings eine gewisse Aenderung auch hierin eingetreten, in dem Maße wie das Zeit= alter sich mehr und mehr von religiösen Verfolgungen abwandte, hat auch

---

1) Das ganze Unternehmen (die deutsche Ansiedlung) war eine Selbstspeculation widerwärtigster Art, die hauptsächlich von einem Mestizen, Namens Rudolpho, betrieben wurde, der in London und Berlin eine Art von großem Herrn gespielt hat, um den Leuten Sand in die Augen zu streuen. (A. A. Z. 1853 No. 73.) Ueber den Versuch Damian's v. Schütz, das östliche und nördliche Gebiet Peru's zu colonisiren, (s. daselbst 1856 No. 54.)

2) Siehe Karl Seideler's 10 Jahre in Brasilien ꝛc. Queblinburg 1835. — Am 17. Januar 1852 erließ der Verein zur Centralisation der Auswanderung eine Warnung gegen die Auswanderung nach den Besitzungen von 5 der angesehensten Grundeigenthümern des Kaiserreichs in der Provinz Rio be Janeiro. — Auf eine Anfrage der piemontesischen Regierung hat die kaiserliche brasilianische in der amtlichen piemontesischen Zeitung eine An= zeige einrücken lassen, daß sie keine Verantwortung für die Einwanderer übernehme. (S. A. A. Z. 1858 No. 321. aus d. Ausl. 1858.) — Die Provinzen St. Paulo (5500 ☐ Meilen, 460,000 Einwohner), St. Katharina (1002 ☐ Meilen, 70,000 Einwohner), Rio Grande do Sul (3007 ☐ Meilen, 195,000 Einwohner) sind der Colonisation nicht ungünstig. Das Klima wirkt auch nicht nachtheilig auf den Ansiedler, aber nach dem Regierungsdecret vom 30. März 1820 heißt es im 8. Artikel: Nur Colonen, welche der römisch=katholischen Kirche angehören, mit guten Moralzeugnissen versehen sind, kön= nen Vorzüge (unentgeldliche Zuertheilung von Ackerland, 16 jährige Befreiung von der Grundsteuer, das Bürgerrecht) genießen. Auch andere Religionsgenossen können sich in Brasilien niederlassen, doch haben dieselben auf diese Vortheile keinen Anspruch. Da aber den Ansiedlern freie Ueberfahrt nicht zugesichert, die Kosten derselben später abverdient werden müssen, so treten die Einwanderer gleich in ein Schuldnerverhältniß, aus dem sie sich schwer, nach einer Reihe von Jahren erst befreien können, überdies ist die ge= ringe Anzahl der Bevölkerung, die Sklaverei und der in allen Sklavenstaaten herrschende Abscheu gegen Handarbeit, der häufige Ministerwechsel und die dadurch begünstigte schlechte Verwaltung keineswegs anlockend. (S. A. A. Z. 1845 No. 246. 247. 1847 No. 7. 229. 1850 No. 25. 30.) Donna Francisca, San Leopoldo, Blumenau allein sind der Auswanderung eher zu empfehlen. A A. Z. 1853 No. 366. — Wegen dieser im Ganzen unglücklichen Zustände, hat die preußische Regierung denn auch 1859 allen für Brasilien thätigen Auswanderungs=Agenturen die Concession entzogen.

3) Die eingebornen Indianer dagegen befanden sich gut unter der Herrschaft der Geist= lichkeit, welche sie wie niemals mündig werdende Kinder behandelte, s. Roscher, Colonien S. 159 ff.

die Herrschaft der Kirche nothgedrungen eine mildere Gestalt annehmen müssen, indessen gebrochen ist die Macht der Geistlichkeit darum nicht; wessen Einfluß ist es etwa zuzuschreiben, daß die Ehe der Protestanten in Brasilien als Concubinat angesehen wird?[1]) In Chili[2]) gestalten sich im Allgemeinen die Zustände für eine deutsche Niederlassung günstiger, aber hier wie in Uruguay, den Laplatastaaten,[3]) sind auch keine unabhängige Colonisationen zu erwarten.

Außer Amerika ist Australien sehr bei der deutschen Auswanderung betheiligt, hierhin haben, zumal nach der Entdeckung jener reichhaltigen Goldlager, sich viele Deutsche gewandt, eigentliche Ansiedlungen indessen sind mehr in früherer Zeit durch religiöse Genossenschaften gediehen,[4]) während die späteren Ankömmlinge sich zerstreuten. Nach den meisten Berichten scheint das Festland zu Anpflanzungen nicht sehr geeignet, ein eigentlicher, unsere Wälder und Landschaften so zierender Baumwuchs ist nicht vorhanden, der Boden entspricht nicht den auf ihn gesetzten Hoffnungen der Fruchtbarkeit; die weiten Steppen ernähren dagegen zahlreiche Schafheerden. Ueberdies ist dieser Erdtheil durch eine zu bedeutende Entfernung von Europa geschieden, auch haben fremde

---

1) Die Ehe der Protestanten wird als Concubinat betrachtet, die Kinder aus dieser Ehe gelten für unehelich. (S. A. A. Z. 1856 No. 87b.) Die Protestanten haben schrecklich auszustehen, wenn sie nicht übertreten; es ist schon der Fall vorgekommen, daß harte Fazenbeiros (Pflanzer) die Bretter zum Sarge ihrer protestantischen Sklaven verweigert haben, und diese Fazenbeiros sind die Gesetzgeber in Brasilien 2c. (S. A. A. Z. 1858 No. 321 b.)

2) In Valdivia, dem vorzüglich dem Anbau zugänglichen Theile Chili's, beträgt die mittlere Temperatur des Jahres 8,8° Reaumur, des Frühlings 7,01°, des Sommers 12,4°, des Herbstes 9,12°, des Winters 6,6° R., die größte Kälte 1.° Wärme, die größte Hitze 28½°, der Regentage im Jahre sind 156, 33 im Frühjahr, 28 im Sommer, 41 im Herbst, 54 im Winter. Die Einwanderung der Deutschen hat dem Lande schon eine ganz andere Gestalt gegeben. Der Zustand der Colonien ist ein blühender, die Regierung unterstützt die deutsche Einwanderung auf das Kräftigste, die Parcellen werden den Ansiedlern gegen eine Leibrente überlassen. (S. A. A. Z. 1852 No. 219. 1856 No. 119.)

3) Hierüber vergleiche Wappäus (b. A. u. C.) S. 54 ff. A. A. Z. 1855 No. 357. 1856 No. 119 und 259.

4) Während der Jahre 1837 — 1841 ließen sich preußische Altlutheraner beim Port Adelaide nieder und gründeten nach und nach unter der Leitung des Pastor Kavel aus der Neumark die Ortschaften: Klemzig, Hahndorf, Lobethal, Bethanien, Ober- und Unter-Langmeil, Angaston 2c. diese gruppiren sich zumeist am linken Ufer des Murray, unter dem 35° s. Breite. (S. A. A. Z. 1846 No. 226. 247. 1852 No. 261.) Eine von Mecklenburg nach Neuseeland (Nelsoncolonie) unternommene Niederlassung endete höchst traurig. (S. A. A. Z. 1845 No. 262. 269.)

Völker die besten Districte für sich in Besitz genommen, so daß auch hier deutsche Elemente sehr schwer zum Ansehen und zur Macht gelangen mochten.

Außer dem englischen Caplande, dem französischen Algier, von dessen Cultivirung neuerdings der Prinz Napoleon ein so trauriges Bild entworfen, passen nur noch wenige Theile des wüstenreichen, unbekannten Afrika über= haupt zum Anbau; Handelscolonieen dagegen sind hier an Ort und Stelle, wie denn auch beinahe der ganze Küstensaum von derartigen Niederlassungen eingenommen ist. Das heiße, schwüle Klima, die relative Unfruchtbarkeit des Bodens verbieten eine Bebauung und weiteres Vordringen; die Vor= theile, welche demnach eine Besetzung des Landes ergibt, müssen sich auf den Tauschhandel mit Eingebornen beschränken. —

In Asien dagegen warten noch weite fruchtbare Gegenden auf den kom= menden Ansiedler, und besonders bietet jenes alte Culturland Klein=Asien, die ergiebigsten und günstigst gelegenen Districte dem Ackerbau dar. So passende Gelegenheit auch an sich die Nord= und Westküste der deutschen Colonisation gewähren würden, so sind doch die politischen Verhältnisse in jenen Theilen hierzu weniger geeignet. Der fremde, vornehmlich russische Einfluß macht sich von Jahr zu Jahr in den östlichen und den am schwarzen Meere ge= legnen Territorien fühlbar, und würde jede Ansiedlung, bevor sie sich dort festgesetzt, erschweren und zu hintertreiben suchen; während die Westküste mit Smyrna und anderen mehr oder weniger bedeutenden Ortschaften gerade durch ihre Einwohneranzahl der freien Entwicklung Hindernisse bereitet.

Wie die ganze Küste Kleinasiens durch eine Menge sicherer Seebuchten und tiefer Hafenplätze sich auszeichnet, so besitzt auch der südliche Theil der= selben, außer dem natürlichen Süßwasserreichthum, noch die Vorzüge einer herrlichen Lage an der See. Und wahrlich gewähren jene Ländereien, welche der weithin berühmten Insel Rhodus gegenüber liegen[1], beinahe Alles, was Colonisten nur sich wünschen können; manche Nachtheile und Widerwärtigkeiten, die noch jetzt den Aufenthalt dort erschweren, würden durch den Anbau ge= hoben werden, wie z. B. die Malaria an vielen Küstenpuncten. Großartige mit ewigem Schnee bedeckte Gebirgszüge[2] wechseln ab mit den lieblichsten,

---

1) Strabo XIV. Bd. 3. §. 2. p. 664 gibt die Küstenausdehnung Lyciens auf 1720 Stabien, circa 38 deutsche Meilen, an, schildert die Ufer als schwer zugänglich, aber voller guter Buchten und hebt die Trefflichkeit der Bewohner im Gegensatz zu den räuberischen Ciliciern hervor.

2) Der alte Massicytus (jetzt Ak Dagh) erhebt sich bis zu 10000 Fuß.

anmuthigsten Thälern; wie jene dem Bergmann eine reiche Ausbeute vorzüg=
lich an Eisenerzen versprechen,[1]) verheißen diese durch ihre Fruchtbarkeit dem
Landbauer reichlichen Segen, und hinter den Bergen erstrecken sich weite,
ungemein ergiebige Hochebenen.[2]) Die terrassenförmige Gestaltung Lycien's

---

1) In der Ebene und Umgegend von Cibyra, siehe Ritter, Asien 9, 2. S. 799.

2) Texier entwirft in seiner Description de l'Asie Mineure, Paris 1839, Tome
premier, VI. (avertissemsnt) folgende Schilderung von Lycien:

Au delà du Catarrhactès s'étend une contrée hérissée de montagnes, et peuplée
aujourd'hui par quelques tribus nomades. La Lycie fut jadis couverte de cités
populeuses et riches, ses ports s'ouvraient au commerce de l'Egypte et de l'Italie,
et ses habitants méritèrent par leur sagesse et leur modération la protection et
l'amitié des Romains. Cette liberté permit à la Lycie de conserver sa langue et
ses institutions jusqu'aux derniers temps de l'empire; aussi les arts de ce peuple
indépendant furent-ils toujours empreints d'un caractère original et unique en
Asie Mineure Les monuments nombreux qu'on rencontre dans cette province
attestent que la civilisation y fleurit dès les temps les plus reculés etc.

Charles Fellows sagt vom östlichen Dollomonthale in „An account of discoveries
in Lycia, London 1840, p. 98": Amidst the rich swampy soil, the elm, plane (Pla=
tane) and peach (Pfirsichbaum) are almost borne down by the vines, climatis and
creepers, and the myrtle, oleander and the pomegranate cover the banks of every
stream. The plains which need much the capital and skill of the Lincolnshire
farmer are alive with the camels, buffalos and breeding horses, while the large
tortoise creeps along amidst the numerous flovers (Kibitz), quails (Wachtel) and
snipes (Schnepfe) und in A Journal written during an excursion in Asia Minor,
1839, p. 236 vom Xanthusthale: The valley is the most beautiful that I have
seen in Asia Minor.

Vergl. Ludwig Roß, Kleinasien und Deutschland. Halle 1850. Im Vorwort
S. XXII. ff. u a. D.; Ritter, Asien 9. 2. p. 940. berichtet wie folgt: Eine so glück=
liche und milde Naturbegabung durch civilisationsfähigere zugängliche Küstengelände, welche
Lycien vor der minder vortheilhaften und rauheren Halbinsel erhalten hatte, trug durch
ihre maritimen Eingangspforten mit trefflichen Hafenbildungen und gesicherten Ankersta=
tionen, gewiß nicht wenig bei zu der höheren Stufe der Ausbildung, welche die Bewoh=
ner Lyciens von den roher gebliebenen Ciliciern auszeichnet, die fast nur einem assyrisch
phönicischen Anfluge von außen ihren sparsamer entwickelten Fortschritt von nur ein paar
Städtebildungen verdankten, während die lycische Westseite, das ganze Land mit seinem
Volke bis zu den innersten Thalwinkeln und Berggipfeln von einer allgemeineren Ent=
wickelung einer höheren Civilisationsstufe, die Ueberreste und Denkmale aufweiset; ferner
S. 938. 984: Doch nimmt der Xanthus, seiner Kleinheit ungeachtet, in der Civilisations=
geschichte des Menschengeschlechts eine hervorragendere, anregendere Stellung ein. Was
ihm fehlt, ist eine gute Hafenbildung an seiner Mündung. — Dafür hat er eine aus=
gezeichnete innere Landbildung erhalten und seine Anwohner scheinen weniger ein seefah=
rendes Volk als ein landbauendes seit homerischen Zeiten ruhmvolles Hirten=, Krieger=
und Künstlervolk gewesen zu sein, das durch sein inneres, politisches Staats= und Ver=
waltungssystem ausgezeichnet war.

begünstigt nicht allein alle europäischen Zier= und Nutzpflanzen, schmückt die Wälder mit den schönsten, riesenhaftesten Bäumen, sondern läßt auch tropische Gewächse mit vielfacher Erndte zur Reife kommen. Statt jeder andern Beschreibung möge hier die Darstellung der Flora, wie sie sich in Carl Ritter's Asien Band 9,2 S. 1183 findet, folgen:

„Characteristische Differenzen der Flora treten in dreierlei wesentlich verschiedenen Verhältnissen der orographischen Lage hervor: 1) in den maritimen Ebenen und Thälern, die etwa bis 1500 Fuß Höhe steigen, 2) in den Gebirgsabhängen von 3000—1500 Fuß von den Yailas und Hochlands= thälern, die sich gegen das Meer zu senken; 3) in den Inlandregionen mit den subalpinen Hochebenen und Plateaubildungen, die von 3000—5500 Fuß, die an einzelnen Stellen noch zu 4) der alpinen Region emporsteigen.

Diese vier verschiedenen botanischen Regionen haben in der ersten oder untersten die characterische Vegetation aller Gestade des mittelländischen Meeres gemein, von Spanien über Kleinasien bis Syrien, wo dieselben blühenden Pflanzen vorherrschend sind wie in Lycien: Eichen, orientale Platanen, besonders Pinus bilden ihre Wälder, das Unterholz der Hügel bedecken die Arbutus, Daphne, Styrax, Cistus, Lentiscus=Arten und am Ausgezeichnetsten in Lycien die Eläagnus, Oleander, Vitexagnus castus und die Coluteen. Die wilde Olive überzieht nur die Berge, wo Pinusarten und die Arbutus Raum lassen; Eichenarten wie Balanus aegilops, Infectoria geben gute Schatten, die prächtige Platane (plat. orient.) schützt jedes Dorf vor Hitze, die schlanke Cypresse wächst in den Schluchten, wird aber nur auf Grab= stätten gepflanzt, der Granatbaum (punica granatum) blüht in höchster Fülle und giebt zur Herbstzeit kühlende Früchte, der Mastix, die Feige, der Maulbeerbaum, Mandelbaum, Manna=Esche, Judasbaum wachsen wild und cultivirt reichliche Früchte gebend, Orangen und Melonen werden nur spar= sam cultivirt; Culturpflanzen wie Melonen, Kukuben, Sesam, Mais, Baum= wolle, Capsicum, Linsen, Bohnen, Bamia (hibiscus esculentus) sind ganz allgemein.

Die zweite bis 3000 Fuß Höhe, die Hauptregion der Eichen und Pinus= wälder, die vorzüglich bewohnte, die Uebergangsregion, in welcher die sonnen= verbrannte Flora der Tiefe sich mit denen der Höhe und des Tafellandes vermischt, hier herrschen die Rankengewächse, die Leguminosen, zumal sehr auffallend auch die Anagyris foetida vor. Die zwerghafte Coccus=Eiche ist überall niederes Gesträuch, unter den Bäumen ist Wallnuß der Prachtbaum in allen Dorfschaften, unter den vielen auch in Mitteleuropa einheimischen Kräutern und Wiesenblumen, die allgemein verbreitete Orchis morio ($\sigma\alpha\lambda\acute{\epsilon}\pi\iota$ der Griechen); den reichsten Ertrag der Culturfelder in dieser Zone geben Tabackspflanzen und Weinberge.

Die dritte Region der Yailas des Plateaulandes gewährt die Haupt= summe der Gewächse, so verschieden auch ihre Abstufungen sind; wie die Yailas von Almaly über 3600 Fuß, die von Sedeler zu 4000 Fuß, von Cibyra 3500 Fuß, zu Istenaz 2300 Fuß u. a. mit ihren Seen und tem= porären Limnen, so baumlos sie auch außer der Umgebung ihrer Dorfschaften sind, die aber von schönen Wallnußbäumen, lombardischen Pappeln, Aepfel= bäumen, Apricosen und verschiedenen meist geköpften Weidenarten umgeben werden. Platanen sind hier schon selten, Eichen und Ulmen noch häufiger, die Waldumkränzungen sind aber meist Fichten, Coccus=Eichen, Berberizen, gelber Yasmin und anderes Dorngesträuch überwuchern die Klippenränder der Yailas. In diesen Höhen der Cedern und Wachholder wachsen verschie= dene Gewächse, die nicht in die tieferen Gegenden hinabsteigen, so die Species von Gnaphalium, Campenula, Cerinthe, Sideritis, Alchemilla, Scorzonera, auch Prunus prostrata, Digitalis ferrugina und besondere Species von Aretia, Colchicum und Crocus 2c. 2c.“ [1])

Alle unsere Hausthiere gedeihen in diesem milden Klima, an eigen= thümlichen Erzeugnissen finden sich jener schon auf alten Denkmälern ab= gebildete Buckelochse, das Schaf mit dem Fettschwanze, ausgezeichnet schöne und kräftige Pferde, Kameele, in den Wäldern hausen noch Leoparden, Bären, Wölfe, Füchse, Schakale, Eber, Hirsche und a. m., leider gehören auch Schlangen und sonstiges Gewürm nicht zu den Seltenheiten. [2])

---

1) Vergleiche die Schilderung Strabo's, die er von Lycien entwirft, p. 664 — 667. Bei Plinius dem Aelteren finden sich viele Angaben über die Vegetation Lyciens, so er= wähnt er in der Historia naturalis die Ceder (L. XII. C. 28 §. 61; L. XVI. C. 32 §. 59: Die Ceder hat die Natur den heißen Gegenden verliehen und sie wächst auf den lycischen und phrygischen Bergen (cedrum aestuosis partibus dederat et in Lyciis Phrygiisque montibus nascitur), die mächtige, schattenverleihende Platane L. XII. C. 1 §. 5, die lycische Weintraube L. XIV. C. 18 §. 22, den ausgezeichnet dort wachsenden Safran L. XXI. C. 6 §. 18, die Narciffe L. XXI. C. 5 §. 12, das Centaureum (Tausend= gülbenfraut) aus dem jenes bekannte Heilmittel „Lycium" gewonnen wurde L. XXV. C. 6 §. 30, f. ferner Spratt and Forbes Travels in Lycia Milyas and the Cibyratis, London Vol. II. p. 129 — 164.

2) Vergl. Spratt and Forbes London Vol. II. p. 62—82, besonders p. 62 über die capra ibex (die vielleicht wohl Pl. H. N. L. VIII. c. 58 §.83 anführt) p. 63. leopard, bears and wolwes

Die Einwohnerzahl kann nicht bestimmt angegeben werden, da genaue Zählungen fehlen, nach dem Zeugnisse des britischen Consuls Purdie soll das ganze Paschalik von Lycien (Tekeh) östlich vom Xanthus mit Einschluß der Alpenländer (Yailas) von Amaly bis Istenaz in 9 Distrikten mit 260 Dörfern nur 100,000 Bewohner haben, wovon aber die Bevölkerung der Stadt Abalia mit 13000 Einwohner und die zu Pamphylien gehörigen Ortschaften abgehen.[1] Mit dem westlichen Theile von Tlos bis Telmessus zählt sie zusammen nur 60000 Seelen. So würde also dieses durch die üppigste Vegetation in Thälern und Feldern ausgezeichnete Land, dessen Oberfläche ungefähr 400 Quadratmeilen beträgt, nur 150 Einwohner auf die Quadratmeile besitzen, während es das 20= und 30 fache der augenblicklichen Bevölkerung ernähren könnte.[2] Und auch diese Angabe soll zu hoch gegriffen sein.

are frequent and the fox is said to be common, jackals are abundant; p. 64 deer are said to be numerous, hares are not uncommon (lepus tumidus), the porcupine (Stachelschwein) is common, though not often seen; p. 65 beaver (Biber), mongoos, martens (Marder), squirrels (Eichhörnchen), moles (aspalax, Maulwürfe), rats, mice and bats (Fledermäuse) complete the list of indigenous mammals (Säugethiere). The introduced camel and buffalo play a far more important part, than the aboriginal quadrupeds; p. 66 über Geflügel; p. 67 among Lycian reptiles the tortoise (testudo graeca and marginata) is the most conspicuous and abundant; p. 76 wird der höchst ansehnliche Blutegelfang in den lycischen Landseeen besprochen, bei Ritter, Asien 9. 2. p. 817, 877 findet sich die auch daselbst bezweifelte Notiz, daß der dortige Blutegelhandel an Gelbeswerth 15,000 £ Sterl. jährlich einbringe, ferner Spratt and Forbes von p. 82— 128. „On the zoology of the coasts and seas of Lycia" daselbst p. 93 die Beschreibung der ansehnlichen Anzahl von Cephalopoden (Kopffüßlern), welche wie in alten Zeiten so jetzt einen beträchtlichen und geschätzten Nahrungszweig der Bevölkerung ausmachen; p. 123 die berühmte, schon von den Alten erwähnte Schwammfischerei, Sponges are abundant in the Lycian sea. The more valued kinds are sought for about the gulf of Macri and along the Carian coast and the opposite islands. Rhodes is the seat of one of the depots for the sponges of commerce und ff. Aristoteles ließ sich über die Schwammfischerei weitläufiger aus, auch Plinius bespricht den Schwammreichthum der lycischen Küsten H. N. L. IX C. 45 §. 69: Die größten aber weichsten Schwämme finden sich bei Lycien (Maxumae fiunt manoe sed mollissimae circa Lyciam) und L. XXXI. C. 11 §. 47.

1) Siehe Spratt and Forbes II. p. 220. The Pashalic of Adalia includes the whole of Lycia east of the river Xanthus, the Yailahs of Almalee and Istenez, and the western portion of Pamphylia. The Turkish name of this Pashalic is Tekair Sanjak: it is devided into nine districts — in all two hundred and sixty villages, and about a hundred thousand inhabitants, six or eight thousand of whom are Urooks (Yuruks, nomadische Hirten).

2) Siehe Ritter, Asien 9. 2. p. 1187.

Dagegen wie dicht bevölkert und angebaut war nicht im Alterthum dieses Gebiet,

Berücksichtigt man zudem die stätige Abnahme der türkischen Bevölkerung, die durch harte Conscriptionen, wie durch immer seltener werdende Ehen ge= fördert wird, und erwägt, daß die apathischen, fatalistischen Bewohner dem rührigen Wesen der Deutschen nicht gewachsen sein können, sondern vor diesem sich mehr und mehr zurückziehend, allmählig verschwinden müssen, so wird man zugeben, daß von einer derartigen Bevölkerung, zumal da noch die Religion als Scheidewand dazwischen tritt, die deutschen Colonisten eine Ent= nationalisirung nicht zu fürchten haben.

Bis in dieses Jahrhundert waren die herrlichen Gegenden Lyciens wenig bekannt, die Mehrzahl der Reisenden berührte es nicht, da es außerhalb der gewöhnlichen Reiseroute lag.[1]) Zuerst wandte der um kleinasiatische For= schungen hochverdiente Oberst Leake, der auf seiner 1800 unternommenen Reise wegen plötzlicher Erkrankung nur Antiphellus besuchen konnte, in jenem berühmten Journal of Asia Minor die Blicke der Europäer auf jene terra incognita hin.[2]) In diesem Berichte besprach er auch die vom englischen Flottencapitain Beaufort 1812 geleitete genaue Küstenmessung.[3]) Seit jener

vergl. Plin. H. N., L. V. C. 27 §. 27 — 29; §. 28 berichtet er: „Einst hatte Lycien 70 Städte und jetzt 36 (Lycia LXX quondam oppida habuit, nunc XXXVI habet); Simena, die Stadt der Hephästier, Gagae, Corydalla, Rhodiopolis, Limyra, Andriaca, Myra, Aperrae, Antiphellus, Phellus, Pyrra, Xanthus, Patara, Sidyma, Pinara, Telmessus, Canas, Candyba, Podalis, Choma, Cyaneae, Ascandalis, Amelas, Noscopium, Xlos, Telandrus, Oenoanda, Balbura, Bubon nennt er als die bedeutendsten. Strabo spricht XIV. C. 3 §. 3 p. 665: von 23 stimmberechtigten Städten der lycischen Eidgenossenschaft (Εἰσὶ δὲ τρεῖς καὶ εἴκοσι πόλεις αἱ τῆς ψήφου μετέχουσαι.) Claudius Ptolemaeus giebt in seiner γεωγραφικὴ ὑφήγησις (Basel 1533) p. 301 — 303 die Lage der vor= nehmsten Ortschaften Lyciens an.

1) Vergleiche Texier: Description de l'Asie Mineure (introduction 3). Tous les voyageurs, qui m'avaient précédé, avaient généralement suivi deux grandes lignes, l'une de Constantinople à Tarsous, en se dirigeant du nord-ouest ou sud-est ou réciproquement; l'autre de l'ouest à l'est de Constantinople à Erzeroum, en passant par le Galatie et la partie sud du royaume de Pont. Les parties centrales de la Cappadocie, de la Pisidie et de la Pamphylie étaient presque inconnues. Nul n'avait pénétré dans l'interieur de la Lycie. Vergl. Ritter, Asien 9. 2. p. 735 ff.

2) Leake „Journal of a tour in Asia Minor" 1824, besuchte die Küste Lyciens flüchtig p. 128 —129; beschrieb aber ausführlich General Köhler's Reise p. 144 — 170.

3) Siehe Spratt and Forbes, Vol. 1. Introduction XI.:
The riches of Lycia as a field of discovery has been first made known by Captain Beaufort, the distinguished hydographer of the Admirality who surveyed the coast then unexplored in the years 1811 and 1812 and published a most valuable and masterly account of his researches in 1818 (Karamania etc.). Before his time Lycia was a blank upon the map and its coast line unsettled though well described by ancient authors.

Zeit haben vielfach Reisen nach Lycien stattgefunden, die für die Wissenschaft
erſprießlichſten unternahmen unter anderen die Engländer Fellows, Spratt und
Forbes, der Franzoſe Texier, die Deutſchen Schönborn und Ludwig Roß.
Letzterer deutete wiederholt in vielfachen Aufſätzen auf dieſes für deutſche
Coloniſation ſo geeignete Gebiet hin, aber ſeine mahnenden Briefe fielen in
jene Zeit, wo Deutſchland gänzlich darniederlag.[1]

Dieſe Regionen, die man, um reichlichen Ertrag zu gewinnen, nur von
dem alten Schutt zu ſäubern braucht, würden (wie keine anderen) den Fleiß
der Anſiedler belohnen und von Deutſchen bebaut und in Beſitz genommen,
ihnen eine behagliche Zukunft ſichern, dem Geſammtvaterlande dagegen eine
gewichtige Stimme in den orientaliſchen Wirren verleihen und den Eroberungs=
gelüſten auswärtiger Nationen am Wirkſamſten vorbeugen. Mag auch, wie
vorausſichtlich, ein derartiges Unternehmen den Neid und die Eiferſucht der
übrigen Völker erregen, ein kräftiges Auftreten wird ihnen imponiren; möch=
ten doch einmal die Deutſchen davon zurückkommen, immer zu bedenken was
Andere ſagen und thun werden, ſtatt auf ihre eigene Kräfte zu bauen und
ein Werk kühn zu beginnen. Ueberall und vornehmlich fremden feindlich
geſinnten Völkern gegenüber iſt ein derartiges Benehmen verderblich, nicht
wahre Güte und Großmuth offenbart ſich in ihm, ſondern Schwäche und
Feigheit. Umſonſt verſuchte Demoſthenes durch ſeine begeiſternden Reden die
Athener aus ihrer erſchlaffenden Ruhe aufzurütteln, ſie räumten ihm die Rich=
tigkeit ſeiner Behauptungen und Befürchtungen ein, ſie beſchloſſen ſogar,
was er vorgeſchlagen, aber ſie folgten zumeiſt den verderblichen Rathſchlägen
des verrätheriſchen Aeſchines, des kurzſichtigen Phocion und Eubulus und
verloren demgemäß ihre Freiheit an den thatkräftigen Macedonier Philipp. —
Um die Anſiedler indeſſen ſowohl vor Angriffen wie Bedrückungen von
Seiten der Ureinwohner als auch fremder Völker ſicher zu ſtellen, müſſen ſie
ſich in Maſſen (im Ganzen 20—30000) an wenigen Orten, um nicht ver=
einzelt und von einander getrennt zu werden, niederlaſſen.[2] Zu dieſen

---

1) Kleinaſien und Deutſchland. Reiſebriefe und Aufſätze mit Bezugnahme auf die
Möglichkeit deutſcher Niederlaſſungen in Kleinaſien, von Ludwig Roß, Halle 1850.

2) Auf die ſpecielle Art der Beförderung der Auswanderer nach Lycien iſt deshalb
nicht näher eingegangen, weil dieſe hernach durch entſprechende Unterhandlungen ſchon
feſtgeſtellt werden wird; aus demſelben Grunde iſt auch ein Koſtenanſchlag für die Ueber=
fahrt, welcher übrigens geringer ſein wird, als die Paſſagiergebühren nach Amerika, nicht
gemacht worden.

Puncten sind nur durch natürliche Lage geschützte Gegenden zu wählen. Eine Colonie sogleich an der See anzulegen, wäre nicht empfehlenswerth, weil sie dann gar zu leicht einem Angriff von der Küste ausgesetzt ist, viel= mehr wird die an einem theilweise schiffbaren Flusse (z. B. am Doloman= Chai, Xanthus, Dembra, Arycandus, Allagir=Chai) gelegene Pflanzstadt mehr Sicherheit bieten.

Alle diese Ländereien gehören freilich noch bis jetzt zum ottomanischen Kaiserreiche, sind der Oberherrschaft des Sultans in Konstantinopel unter= worfen, von ihm muß also zuvor eine Einwilligung für eine Ansieblung eingeholt werden. Daß der Beherrscher aller Gläubigen sich freiwillig, ohne jede Gegenleistung, eines Gebietes begeben werde, ist nicht annehmbar; er soll es auch nicht. Die Pforte ist zwar die nominelle Gebieterin aller jener großen asiatischen und afrikanischen Länderstrecken, die Ausübung ihrer Souverainitäts= rechte beschränkt sich aber auf die Einziehung des Tributs und von Soldaten. Mag auch nach der Vernichtung des eingebornen Landadels die Macht des Groß= sultan's etwas gestiegen sein, so ist dies in weit höherem Grade bei den Pascha's der Fall gewesen.

Die Steuern, unter deren erdrückender Last die arme Bevölkerung seufzt, treiben die Zollpächter mit abschreckender Härte ein. Den einzelnen Ortschaften werden nach ganz veralteten Katastern die Leistungen auferlegt, wenn ehemals eine Stadt 30000 Seelen zählte und demnach entsprechend abgeschätzt war, wird, obgleich sie heut zu Tage vielleicht zu einem kleinen Flecken von 3000 herabgesunken ist, erbarmungslos derselbe Betrag wie vormals erhoben, und wie die Gemeinde für entlaufene Conscriptionspflichtige haften und Ersatz stellen muß, so hat sie auch für Verstorbene oder Ausgewanderte Steuern zu zahlen.[1]) So drückend ein solches zerrüttetes System für den einzelnen unglücklichen Bewohner, so unersprießlich ist es auch für den Staat, der doch zuletzt, wenn seine Angehörigen physisch wie moralisch zu Grunde gerichtet sind, den Schaden tragen muß. Daß derartige traurige Verhältnisse der ohnehin schon bedeutenden Unthätigkeit wie Gleichgültigkeit der Einwohner Vorschub leisten, wird keine Verwunderung erregen. Wenn der Ertrag müh= seliger Arbeit von prassenden Pascha's vergeudet, Recht und Gesetz mißachtet werden, und nur für die Reichen und Angesehenen nicht für die Armen be= stehen und geschrieben sind, wenn die geringe Erholung, welche im Orient

---

1) Siehe L. Roß, Kleinasien, p. 48, 75 u. a. O.

das Familienleben bietet, durch grausame Aushebungen vernichtet wird, wie soll da der Arme aus eignem Antriebe an die Arbeit gehen, da er nicht für sich und die Seinigen schafft, wie soll er Ehen schließen, wenn er das traurige Schicksal seiner Kinder überdenkt.[1]

Schon wiederholt hat die türkische Regierung versucht, fremde Ansiedler unter annehmbaren Bedingungen in's Land zu ziehen, und gar Viele haben ihr Glück dabei gefunden. Doch hier kann nur von einer massenhaften Einwanderung die Rede sein; dieser müßte die Pforte einige besonders zur Colonisation geeignete Gebiete überlassen, alle Ansprüche auf die innere Ordnung der Gemeinden aufgeben und sich nur die Oberhoheit vorbehalten.[2] Frei und selbstständig, unabhängig von den einzelnen Pascha's, nur in einem gewissen Unterthänigkeitsverhältniß zur Türkei, würden dann die Ansiedler ihre staatlichen Angelegenheiten ordnen; sich in Recht und Gesetz an ihr Vaterland anlehnen. Da bei einer jeden thätigen aufstrebenden Bevölkerung ohne

1) Während der Jahre 1820—1845 nahm die Einwohnerzahl in Kars von 50000 auf 16000, in Brussa in 40 Jahren von 100000 auf 50000 ab. (Siehe A. A. Z. 1845 No. 72.)

Nach der 1844 von Riza Pascha angeordneten Zählung betrug die Bevölkerung der Türkei auf ihren circa 121000 Quadratmeilen:

Racen.	Europa.	Asien.	Afrika.	Total.
Osmanen	1,100000	10,700000	—	11,800000
Slaven	7,200000	—	—	7,200000
Romanen	4,000000	—	—	4,000000
Arnauten	1,500000	—	—	1,500000
Griechen	1,000000	1,000000	—	2,000000
Armenier	400000	2,000000	—	2,400000
Juden	70000	100000	—	170000
Tartaren	230000	—	—	230000
Araber	-	900000	3,800000	4,700000
Syrer u. Chaldäer	—	235000	—	235000
Drusen	—	25000	—	25000
Kurden	—	1,000000	—	1,000000
Turkomanen	—	90000	—	90000
	15,500000	16,050000	3,800000	35,350000
Hiervon waren:				
Muhammedaner	3,800000	12,950000	3,800000	20,550000
Griechen	11,370000	2,360000	—	13,730000
Katholiken	260000	640000	—	900000
Juden	70000	100000	—	170000
				35,350000

2) Ludwig Roß' Kleinasien ꝛc. p. XXVI. u. a. O.

Zweifel mehr Mittel und Vermögen vorhanden sind, als bei den heutigen entnervten Bewohnern, so würde sich die Türkei pecuniär weit besser stellen; während sie vom politischen Standpunct bei dem rechtlichen und loyalen Sinn der Deutschen, zumal während der ersten Jahre, wo die neuen Ankömmlinge durch die Urbarmachung des Landes, Errichtung von Wohnsitzen, An= ordnung der Gemeinde=Verhältnisse mehr als genugsam in Anspruch ge= nommen sind, nichts zu fürchten hat. Die hierauf Bezug habenden Ver= handlungen können einzig und allein auf diplomatischem Wege geführt und geleitet werden, theils wegen der staatlichen Würde der Türkei, theils auch weil die Ansiedler nur dann Aufrechterhaltung der Verträge erwarten können, wenn ein Staat deren Bruch ahnden würde; eine oder beide deutschen Groß= mächte müßten sich demnach mit der Pforte in Vernehmen setzen, die näheren Bedingungen stipuliren, und später die Leitung der Einwanderung selbst in die Hand nehmen. Da Oesterreich leider durch politische Verhältnisse, wie durch seine für die Colonisation Ungarns wirkenden Bestrebungen anderweitig gefesselt ist, so würde die Leitung dieser Angelegenheit der für Verbreitung und Förderung deutscher Interessen so thätigen preußischen Regierung über= lassen bleiben. Oesterreich kann, wenn anders es gewillt ist, derartige Pläne zu unterstützen, durch seinen Einfluß am Mittelmeere, seinen Handel, seine Schifffahrt, daselbst sehr heilsam wirken.

Vor dem Ankauf von Ländereien müßten Sachverständige hinübergesandt werden, um die Bodenbeschaffenheit, die Lage der Ortschaften zu ermitteln und genaue Vermessungen vorzunehmen.[1]) Der Staat ist hierzu vornehmlich geeig= net, durch die ihm innewohnende Macht und die zur Verfügung und Auswahl stehenden geeigneten Persönlichkeiten, auch gehen ihm, der das gemeinnützige Wohl der Bevölkerung im Auge hat, kleinliche Motive und Beweggründe ab, welche den meisten gesellschaftlichen Speculationen anhaften.[2]) Der Staat mag indessen einzelne Gesellschaften zur Expedirung und Beförderung von Auswanderern ermächtigen, hierdurch wird seine Auctorität nicht beeinträch= tigt, dagegen durch etwaige Concurrenz dem Einzelnen die Ueberfahrt er= leichtert.

Die Besichtigung, Untersuchung, Vermessung und endliche Erwerbung

---

1) Nach Roß' Kleinasien p. XXVIII wäre die geeignetste Zeit der Reise vom Februar oder März bis im Juni.

2) Die colonial land and emigration commission, seit 1840 in England begrün= det, wacht über das Wohlergehen der Auswanderer.

der Ländereien erfordern ohne Zweifel bedeutende Kosten, die allmählige Bebauung und Bepflanzung des Bodens viele Zeit, ein augenblicklicher Vortheil
steht keineswegs in Erwartung, erst nach Jahren wird der Erfolg offenbar
werden. Wer daher augenblicklichen Gewinn mit Augen sehen will, der ent-
sage lieber allen Unternehmungen, die Geduld und Ausdauer erfordern und
erst nach langer Zeit mit reichen ökonomischen und politischen Segen nutzbar
werden. Uebrigens ließen sich die verausgabten Kosten einigermaßen durch
den Verkauf der Ländereien an die Colonisten wieder ersetzen, was in England,
in den Vereinigten Staaten Nord-Amerika's schon seit Jahren geschieht. Dem
Mutterstaate wie der Ansiedlung kann indessen ein Verkaufssystem nur ersprießlich
sein, indem es jenem ein ansehnliches Einkommen, diesem eine gute, bemittelte
Stammbevölkerung verschafft. Der Preis der einzelnen Grundstücke darf
aber weder zu hoch noch zu niedrig angesetzt werden, ersteres würde die Auswanderung von vornherein unnöthigerweise erschweren, den weniger Bemittel-
ten die Zulassung absperren, letzteres aber eine zu große Anzahl Proletarier
nach den Colonieen anlocken.[1]) Uebrigens zieht die Mehrzahl der Auswanderer
mit Vermögen aus ihrer Heimath fort, statistische Untersuchungen haben festgestellt,
daß auf den Kopf eines Jeden ungefähr 200 Thlr. zu rechnen sind, es wäre
demnach die Deutschland zu Theil gewordene Einbuße eine sehr bedeutende.[2])
Ohne allen Zweifel wird gegen diesen Vorschlag, Kleinasien, in's Besondere Lycien, zu colonisiren, der Vorwurf der Unthunlichkeit erhoben werden.

1) Vergleiche Edward Gibbon Wakefield bei Roscher „Kolonien", S. 324 ff.
2) In Nord-Amerika nimmt man an, daß die Auswanderer durchschnittlich 200 Doll.
(288 Thlr.) mitbringen, wozu noch ca. 40 Thlr. Ueberfahrt kommen. Amtliche preußische
Angaben nahmen pro Kopf der Auswanderer 1848 — 1849 195, 1851 — 1852
201, 1852 — 1853 210 Thlr. an, wobei nur die eingerechnet sind, die überhaupt
ihr Vermögen declarirten (so wanderten 1858 13,329 Personen aus, von denen nur
6,660 ihr Vermögen und dieses das ihrige auf 966,791 Thlr. angaben). Die vom berliner
Centralverein berathenen Auswanderer gaben unter derselben Einschränkung 1851 259,
1852 235 Thlr., der frankfurter Verein 375 Gulden an. Aus der bayrischen Pfalz
wanderten aus

       1852   8,908 Personen mit 2,024000 Gulden.
       1853   9,497   = = 1,578000   =
       1854   9,473   = = 1,707000   =
1852 — 1854 27,878 Personen mit 5,309000 Gulden.

s. Roscher „Kolonien", 1856, Anm. S. 355; Kolb's Handbuch der vergleichenden Statistik S. 191 u. a. O. Nimmt man die Zahl der Auswanderer auf 1,800000 Köpfe
an, so würde diese Ziffer mit 200 Thlr. multiplicirt, den ungefähren Geldverlust, den
Deutschland seit 1836 durch Auswanderung erlitten, auf 360,000000 Thlr. bestimmen.

Die allgemeine Weltlage, namentlich die verkommenen Zustände im ottomanischen Reiche — man denke nur an die eben stattgefundenen Metze= leien in Syrien — wären für derartige weitaussehende Plane nicht geeignet; das graufe Verderben, welches so viele Unglückliche in jenen Gegenden noch vor Kurzem ereilt, müßte von vornherein jeden Auswanderungsluftigen ab= mahnen, sich dort eine Heimath zu suchen; man sollte erst abwarten, wie sich das Schicksal der Pforte gestalten, in wie weit eine etwaige Auflösung des türkischen Staates die bisher so traurigen Verhältnisse in den einzelnen Provinzen verändern und einer Ansiedelung vortheilhaftere Bedingungen ge= währen würden. Ueberdies wäre auch Deutschland, zumal Preußen — ließe man für diesen Augenblick Oesterreich aus dem Spiel — zu einer so groß= artigen Expedition nicht im Stande, es gälte jetzt ganz anderen, viel noth= wendigeren Dingen, als Kleinafien anzubauen, man müßte erst wissen, wie man sich zu Hause einrichte, ehe an äußere, fernliegende Entwürfe gedacht werden dürfte, Kurheffen und Schleswig=Holstein wie noch andere, die deutsche Zerfahrenheit und Ohnmacht kennzeichnende Zustände böten noch hinlängliche Gelegenheit, wo patriotische Hingebung und männliches Handeln lindernd und kräftigend sich bewähren könne, die Angehörigen dieser von hartem Schicksal heimgesuchten Länder hätten weit mehr Ansprüche auf die allgemeine Theil= nahme, als diejenigen, welche um den drückenden Verhältnissen in der Heimath zu entgehen, die Geburtsstätte verließen.

Wann, wie und ob überhaupt zu einer Zeit, wo die jetzigen Macht= verhältnisse noch bestehen, die orientalische Frage erledigt werde, ist zum Mindesten zweifelhaft, nicht am Wenigsten hiervon aber das „Wann", worauf doch zunächst das Meiste ankommt. Die Verträge zu Karlowitz, zu Paffa= rowitz, zu Kudschuk Kainardsche haben schon deutlich den Verfall des Osmanen= reiches den Augen Aller dargethan und die kühnsten Entwürfe zur Vernichtung des türkischen Staates erweckt, indessen sind seit dem letzten dieser Friedens= schlüffe 86 Jahre vergangen, und noch gebietet der Großsultan von Konstan= tinopel in Europa, Afien und Afrika, hat ihm doch selbst vor kurzer Zeit der mächtige Beherrscher von Rußland Zugeständnisse machen müffen. Wenn= gleich nur durch die Uneinigkeit und Habgier der fremden Mächte die Pforte gegenwärtig ihr Dafein friftet, so können doch die Bedingungen, welche bis jetzt die Türkei als Staat aufrecht erhielten, noch lange andauern. Unter ganz ähnlichen Verhältnissen behaupteten sich nach der den Mauren so unheilvollen Schlacht bei Tolosa die Araber noch über 2½ Jahrhunderte in Spanien.

Wer demgemäß auf den Untergang der ottomanischen Herrschaft warten will, ehe er den Zeitpunkt für gekommen erachtet, wo zum Handeln oder vielmehr zur Ueberlegung der Handlungsweise geschritten werden kann — nun der mag lange, vielleicht vergeblich warten — sieht er jedoch seine geduldige Ausdauer durch das Eintreten des erwünschten Ereignisses belohnt, dann wird gerade die Unzweckmäßigkeit seiner Handlungsweise in ihrem ganzen Umfange an's Licht treten. Denn wie im Privatleben, so ganz besonders im staatlichen Leben der Völker, wird der Müßige und Thatenscheue verkommen, er kann nicht hoffen, die mühevoll erworbene Arbeit Anderer sich anzueignen und zu genießen, es wird ihm deutlich werden, daß vor Allem das Nichtsthun, welches so häufig für die größte, weil die augenblicklich leichteste Staatsweisheit ausgegeben wird, die verkehrteste Politik ist; ein warnendes Beispiel bietet hierfür das einst so stolze Venedig.

Beschränkte innere, bedrängte äußere Zustände hindern aber keineswegs immer jedes thatkräftige Vorgehen und Handeln, vielmehr lehrt die Geschichte, daß zumeist in drückenden Zeitlagen, wo Energie am Nöthigsten war, sie die glücklichsten Erfolge zu Wege brachte. Die traurigen Jahre von 1806—13 widersprechen wahrlich nicht dieser Behauptung.

Und die Geschichte der Colonieen verbürgt diese Thatsache ebenfalls mit den bedeutsamsten Belegen. Mögen auch die Niederlande und England durch ihre geographische Lage mehr als andere Gebiete auf die Befahrung des Meeres, auf den überseeischen Verkehr angewiesen sein, es bleibt doch immer beachtungswerth, daß in jenen Tagen, wo die Niederländer gegen die Spanier für ihre Freiheit und Unabhängigkeit kämpften, sie den Grund zu ihrer später so bedeutsamen, indischen Colonialmacht legten, daß während Philipp II. mit allen Kräften und Mitteln jene colossale Armada zur Vernichtung Englands schuf, Walter Raleigh unter der glorreichen Regierung Elisabeth's seine wenngleich mißglückten, so doch ruhmvollen Ansiedlungsversuche in Nord-Amerika anstellte.

So sehr mit allen das Recht und die Wahrheit liebenden Vaterlandsfreunden gewünscht werden muß, daß die tief bedrückten wie schwer verletzten Hessen und Schleswig-Holsteiner wieder in den Besitz und den Genuß ihrer wohlverbrieften Freiheiten gelangen möchten, so wenig darf man den häufig durch bittere Noth zur Auswanderung Gezwungenen, das Verlassen des Vaterlandes als Schuld, die eine Ahndung verdient, anrechnen. Thöricht obendrein wäre eine solche Verfahrungsweise, wenn sie, wie es hier der Fall ist, den so Handelnden selbst empfindlichen Nachtheil bereitet; man könnte unwill= kührlich versucht sein, an das Benehmen eines Kindes zu denken, das, um Andere zu kränken, sich selbst wehe thut.

Wenngleich geordnete und gesetzliche Zustände in der Türkei für eine deutsche Ansiedlung vortheilhafter wären, so mag, da diese nun einmal nicht statthaben, hervorgehoben werden, daß jenes fruchtbare, für deutsche Niederlassungen ungemein geeignete Gebiet, Lycien, schon wegen seiner Ab= gelegenheit von den übrigen größeren Ortschaften Kleinasiens und seiner ge= ringen Bevölkerung, von Aufständen und Schreckensscenen bisher beinahe gänzlich verschont worden, daß ferner nicht allein die Ansiedler, durch die natürlichen Vorzüge des Landes begünstigt, bald ihr Glück hier machen werden, sondern daß auch Deutschland durch eine deutsche Colonie seine Angehörigen sich er= halte, seinen Handel, seinen Verkehr hebe, seinen Einfluß, seine Macht in jene Regionen verpflanze, wo es bisher nichts gegolten, sondern gar häufig der Russe, der Engländer, der Franzose den Herrscher gespielt.

Berichtigungen.

Für verhelfen Seite 1 Zeile 13 lies erheben
- des Kaiserreichs Seite 7 Zeile 10 lies der Kaiserreiche
- v. Bülon Seite 11 Anmerkung 1 Zeile 8 lies v. Bülow
- feine Seite 16 Anmerkung 1 Zeile 2 lies deffen
- Sewab Seite 20 Anmerkung 2 Zeile 2 lies Sewarb
- nach Seite 22 Zeile 11 lies an
- nach — nach Seite 23 Zeile 1 lies in — in
- flovers Seite 26 Anmerkung 2 Zeile 18 lies plovers
- wolwes Seite 28 Anmerkung 2 Zeile 2 lies wolves
- Campenula Seite 28 Zeile 17 lies Campanula
- die Araber Seite 37 Zeile 1 lies dieselben
- erworbene Arbeit Seite 37 Zeile 11 lies erworbenen Früchte der Arbeit.